AF558782

# FREI UND GLEICH

DIE MENSCHENRECHTE

# FREI UND GLEICH

## DIE MENSCHENRECHTE

*Erzählt von Angelika Nußberger*

C.H.BECK

www.chbeck.de
Umschlaggestaltung: Rotraut Susanne Berner
Satz: Fotosatz Amann, Memmingen
Druck und Bindung: Pustet, Regensburg
Gedruckt auf säurefreiem und alterungsbeständigem Papier
Printed in Germany
ISBN 978 3 406 82192 9

klimaneutral produziert
www.chbeck.de/nachhaltig

Für Felicitas und Ferdinand

*Angelika Nußberger*

# INHALT

## 1. MENSCHENWÜRDE



## 2. RECHT AUF LEBEN



## 3. RELIGIONSFREIHEIT

## 4. MEINUNGSFREIHEIT

– 49 –



## 5. VERBOT DER DISKRIMINIERUNG

– 61 –



## 6. SCHUTZ VON FAMILIE UND PRIVATLEBEN

– 67 –



## 7. RECHT AUF BILDUNG

– 77 –

## 8. SCHUTZ DER UMWELT



## 9. PHILOSOPHIE DER MENSCHENRECHTE



## 10. GESCHICHTE DER MENSCHENRECHTE



## ANHANG

# VORWORT

Menschenrechte wollen alle. Aber was sie bedeuten, weiß niemand so genau. Es ist eine Wissenschaft, Menschenrechte kann man studieren.

Aber Menschenrechte gehören nicht den Gelehrten allein, sie sind Allgemeingut. Kinder, junge Menschen, alte Menschen, alle können sich Gedanken darüber machen, was Menschenwürde bedeutet, ob es erlaubt sein soll, die Bibel und den Koran zu verbrennen, ob wirklich jeder frei seine Meinung sagen darf, ob das Tragen einer islamischen Burka, die auch das Gesicht verschleiert, so schlimm ist wie das Schwarzfahren in der Straßenbahn und wem die Kinder von Leihmüttern gehören. Menschenrechte sind nicht etwas Theoretisches und Abstraktes, sie sind Teil des Alltags. Darf man eine junge Künstlerin ins Gefängnis stecken, weil sie an der Flamme des Ehrenmals für die gefallenen Soldaten Rühreier gebraten hat? Hat eine Anhängerin der Spaghetti-Religion die gleichen Rechte wie eine Muslima? Darf sie zum Beispiel für ein Passfoto mit einem Nudelsieb auf dem Kopf posieren, wenn der Muslima das Tragen eines Kopftuchs erlaubt wird? Darf eine Sportlerin, die aussieht wie ein Mann und spricht wie ein Mann, vom Wettkampf der Frauen ausgeschlossen werden?

Menschenrechte sind der Kitt der modernen Gesellschaften. Sie halten zusammen, was leicht auseinanderfallen könnte. Sie sind ein großes Thema der Politik, über sie wird viel gestritten. In Europa sind es die Gerichte, die am Ende auf die schwierigen Fragen Antworten geben müssen, die kleinen Amtsgerichte in Freising oder Tromsø ebenso wie das Bundesverfassungsgericht in Karlsruhe und der Europäische Gerichtshof für Menschenrechte in Straßburg. Aber auch wenn ihre Entscheidungen endgültig sind, so können sie doch nicht die Diskussion darüber beenden, was gerecht ist und was ungerecht. Das Nachdenken geht weiter. Einigkeit besteht darüber, dass Menschenrechte ein Kompass sind, der Orientierung bietet. Aber es ist ein Kompass mit einer schwankenden Nadel, der immer wieder neu justiert werden muss. So berichtet das Buch auch von Fällen, in denen die Richterinnen und Richter an einem Gericht unterschiedlicher Meinung sind. Es kann sein, dass einmal getroffene Festlegungen später geändert werden müssen, weil sie nicht mehr in die Zeit passen. Darum kommt es nicht nur darauf an, was die Menschenrechte sagen und wie die Gerichte sie im Einzelfall verstehen, sondern auch darauf, was jede und jeder Einzelne für richtig hält.

Die meisten Geschichten in diesem Buch stammen aus Gerichtsakten des Europäischen Gerichtshofs für Menschenrechte, des wichtigsten Menschenrechtsgerichts weltweit. Sie sind tatsächlich passiert.

Sie zeigen, wie schwierig es ist, in einzelnen Fällen gerecht zu entscheiden. Denn es geht dabei um die großen Fragen unserer Zeit – Gleichberechtigung, Klimaschutz, Flucht, Krieg und Frieden, Terrorismus und Versöhnung, Toleranz und Solidarität, das Leben in einer Welt mit einer ungewissen Zukunft.

Geschichten über Recht und Unrecht kann man mit Worten und mit Bildern erzählen. Als Juristin und Illustratorin haben wir uns gemeinsam auf den Weg gemacht, um die Fragen von Freiheit und Gleichheit sichtbar zu machen. In diesem Buch kann man blättern und lesen, man kann sich in einzelne Geschichten vertiefen und über Meinungs- und Religionsfreiheit und Fairness vor Gericht nachdenken oder einfach nur die Bilder betrachten. Man kann auch die am Schluss des Buches dargestellte Geschichte der Menschenrechte nachverfolgen und sich wundern, wie sprunghaft sie war, wie es erst kleine, vereinzelte Entwicklungsschritte gab, dann jahrhundertelang nichts, dann über ein paar Jahrzehnte eine rastlose Aktivität auf der ganzen Welt mit der Ausarbeitung von Verträgen und Erklärungen wie der Allgemeinen Erklärung der Menschenrechte und der Europäischen Menschenrechtskonvention und mit der Errichtung von drei Gerichtshöfen in Europa, Lateinamerika und Afrika. In der Gegenwart ist diese Aktivität mehr oder weniger zum Stillstand gekommen. Es werden wieder Kriege geführt, Menschenrechte scheinen keine so große Bedeutung mehr zu haben.

Das wollen wir nicht akzeptieren. Für uns sind die Menschenrechte noch immer eine der größten Errungenschaften der Menschheit. Deshalb freuen wir uns über alle, die sich für sie interessieren.

*Angelika Nußberger*
*Rotraut Susanne Berner*

# 1.
# MENSCHEN-WÜRDE

# ZWERGEN-WEITWURF

Allen Menschenrechten voran steht der Satz, dass alle Menschen an Würde gleich sind. Die Menschenwürde ist unantastbar, sie zu schützen ist Aufgabe staatlicher Gewalt.

Nur – was ist Menschenwürde?

Menschen sind sehr verschieden. Manche sind von Natur aus so klein, dass sie auch als Erwachsene nicht größer als drei- bis vierjährige Kinder sind. Für sie ist das Leben nicht leicht, da nichts für sie passt. Sie können nicht einfach Zugschaffnerin, Pilotin oder Astronaut werden.

Eine Gruppe von kleinwüchsigen Menschen erfand einmal das Spiel des «Zwergenweitwurfs». Sie boten an, dass andere sie wie Bälle werfen konnten, dafür aber bezahlen mussten. Verletzen konnten sie sich dabei nicht, sie hatten gute Schutzkleidung an und landeten sanft auf Matten. Für sie war es ein Sport. Viele kamen und wollten zeigen, wie gut sie im Zwergenweitwurf waren. Aber die Behörden schoben dem einen Riegel vor. Einen Menschen wie einen Ball zu werfen, verstoße gegen die Menschenwürde, das sei nicht hinnehmbar.

Aber können die Behörden über den Willen der kleinwüchsigen Menschen einfach hinweggehen? Ist es nicht vielmehr gerade ihre Würde, über sich selbst zu bestimmen, und sei es in einer Weise, die den anderen, die sich für «normal» halten, nicht gefällt?

Der Mensch muss «Subjekt» bleiben, darf nicht zum Objekt, zu einem Gegenstand, gemacht werden. Das ist die «Würdeformel», bei der man sich auf den Philosophen Immanuel Kant beruft. Sie hilft einzugrenzen, was unter Würde zu verstehen ist.

Beim Zwergenweitwurf waren die kleinwüchsigen Menschen Objekte. Aber sie wollten Objekte sein, um Geld zu verdienen. Konnte man einen Verstoß gegen ihre Würde beanstanden, obwohl sie selbst ihre Würde gar nicht verletzt fanden?

Die Würde des Menschen ist unantastbar. Aber es ist nicht immer einfach zu bestimmen, was das bedeutet. In vielen Ländern wie Australien oder Kanada ist Zwergenweitwurf erlaubt. Es gibt sogar Weltmeisterschaften.

# DIE TRACHT PRÜGEL

Die Isle of Wight ist eine Insel vor der Südküste Englands, sie liegt im Herzen Europas. Dort hatte im Jahr 1972 der fünfzehnjährige, als «brav» geltende Anthony Tyrer zusammen mit zwei Freunden einen Klassenkameraden geschubst und ihm weh getan. Nicht ohne Grund, denn der Klassenkamerad hatte die drei verpetzt, weil sie Bier getrunken hatten. Die Strafe für das Schubsen war im Gesetz festgelegt: drei Schläge mit der Rute. Die Vollstreckung der Strafe war eine Zeremonie auf der Polizeidienststelle. Vater und Arzt waren zugegen. Der Junge musste Hose und Unterhose ausziehen, sich über einen Tisch legen, wurde von zwei Polizisten festgehalten und vom dritten geschlagen. Die Rute brach beim ersten festen Schlag. Der Vater war so aufgebracht, dass auch er festgehalten werden musste. Nach eineinhalb Wochen war alles verheilt, von der Hautrötung war nichts mehr zu sehen.

So steht es in den Gerichtsakten. Denn Anthony Tyrer klagte gegen diese Bestrafung. Er wandte sich zuerst an die Europäische Menschenrechtskommission und dann an den Europäischen Gerichtshofs für Menschenrechte. Er bekam Recht. Der Gerichtshof musste zwar anerkennen, dass Generationen von Kindern mit Schlägen erzogen worden waren. In den 1950er Jahren, als die Europäische Menschenrechtskonvention, das grundlegende Dokument der Menschenrechte in Europa, ausgearbeitet worden war, hätte wohl niemand daran gedacht, die berühmte «Tracht Prügel», die angeblich noch nie jeman-

dem geschadet hatte, als «unmenschliche Behandlung» anzusehen. Aber der Gerichtshof erkannte, dass sich die Zeiten geändert hatten und gewaltfreie Erziehung nicht nur zu einem Ideal, sondern auch zur Pflicht geworden war.

Ein paar Jahrzehnte später genügte schon eine einfache Ohrfeige, um von einem Gericht anerkennen zu lassen, dass dies eine unmenschliche Behandlung und damit eine Menschenrechtsverletzung war. Ein Polizist hatte einem unflätigen Jungen die Ohrfeige verpasst, als dieser auf der Wache seine Füße auf den Schreibtisch gelegt und den Polizisten provoziert hatte.

Diese Rechtsprechung ist ein Fortschritt. Allerdings wird damit eines der grundlegenden Menschenrechte sehr weit gefasst und verwässert. In der Allgemeinen Erklärung der Menschenrechte hatte man sich auf den Satz geeinigt: «Niemand darf der Folter oder grausamer, unmenschlicher oder erniedrigender Behandlung oder Strafe unterworfen werden.» Das sollte universell gültig sein. Aber das Quälen hat viele Formen, die Empfindlichkeiten sind sehr unterschiedlich. Gewalt ist dosierbar. Und auch ohne Gewalt kann man sehr wehtun.

# AMEISEN UND KÜCHENSCHABEN

Er hatte einen Namen, der alle an ein Gewehr erinnerte: Waleri Kalaschnikow. Aber mit Gewehren hatte er nichts zu tun. Kalaschnikow war Angestellter einer großen Bank und nahm es mit den Abrechnungen nicht immer so genau. Manchmal verlangte er mehr Geld, als der Bank zustand, und steckte den Gewinn in die eigene Tasche. Manchmal fälschte er die Schecks, die bei seiner Bank eingereicht wurden, um Geld für sich abzuzweigen. Seine Zahlen stimmten nicht. Die Justiz kam ihm auf die Schliche und verurteilte ihn zu vier Jahren Haft.

All das geschah im fernen Magadan, einer kleinen Stadt in Sibirien, 5924 Kilometer nordöstlich von Moskau. Dort war schon das normale Leben nicht einfach. Das Leben im Gefängnis war die Hölle.

Waleri Kalaschnikow überlebte vier Jahre Hölle. Die Zelle war 17 Quadratmeter groß, mit 8 Stockbetten für 24 Gefangene. Wer nicht zu zweit oder dritt im Bett schlafen wollte, musste sich auf den Boden legen oder tagsüber schlafen, wenn gerade ein Bett frei war. Das Fernsehen lief rund um die Uhr, das Licht blieb immer eingeschaltet, Tag und Nacht glichen einander. Die Toiletten waren vom Essensbereich nur einen großen Schritt entfernt und ohne Vorhang oder Schutz. Alle sahen alles. In der Zelle gab es keine Belüftung, sie war immer zu heiß oder zu kalt, außerdem verqualmt wegen der vielen starken Raucher, die sich ihre in die Zelle geschmuggelten Zigaretten ansteckten. Über die Wände und Böden liefen Ameisenstraßen, immer wieder durchkreuzt von Küchenschaben. Es gab zwar etwas zu essen, aber es war schlecht und unbekömmlich. Waleri Kalaschnikows Haut wurde von einem Pilz befallen, er verlor alle Finger- und Zehennägel.

Es waren vier lange Jahre, bis die Tortur vorbei war. Dann aber nahm sich Kalaschnikow einen Anwalt und schickte seine Beschwerde an den Europäischen Gerichtshof für Menschenrechte. «Folter» schrieb er in Großbuchstaben auf seine Akte. Es war einer der ersten Fälle aus Russland, über den am Straßburger Gericht entschieden wurde.

Folter und andere Formen der unmenschlichen Behandlung sind nicht nur verboten, sondern werden als besonders schlimme Form von Missbrauch erachtet. Man ist sich einig, dass es sie nirgendwo auf der Welt geben darf. Aber kann die Vollstreckung einer Haftstrafe die Menschenrechte verletzten?

Ja, urteilten die Richterinnen und Richter. Wer Unrecht tut und dafür bestraft wird, verliert nicht das Recht, menschlich behandelt zu werden. Nur der Entzug der Freiheit ist gerechtfertigt, quälen darf man Gefangene nicht. Wer Menschen einsperrt, muss dafür sorgen, dass sie nicht nur überleben, sondern dass sie auch in Haft ein würdiges, menschliches Leben führen können. Russland musste Waleri Kalaschnikow eine Entschädigung bezahlen. Viel war es nicht, gerade einmal 5000 Euro.

Nicht nur in Magadan im fernen Sibirien gibt es Küchenschaben und Ameisen und keine Luft zum Atmen in den Haftzellen. So ist es an vielen Orten auf der Welt. Ein Staat, der Unrecht bestraft, darf nicht selbst Unrecht tun. Waleri Kalaschnikow bekam Recht in Straßburg. Hunderttausende versuchen, es ihm gleichzutun und sich zu wehren. Aber die Akten stapeln sich, es dauert Jahre und Jahrzehnte, bis sie an ihr Recht kommen. Wenn überhaupt.

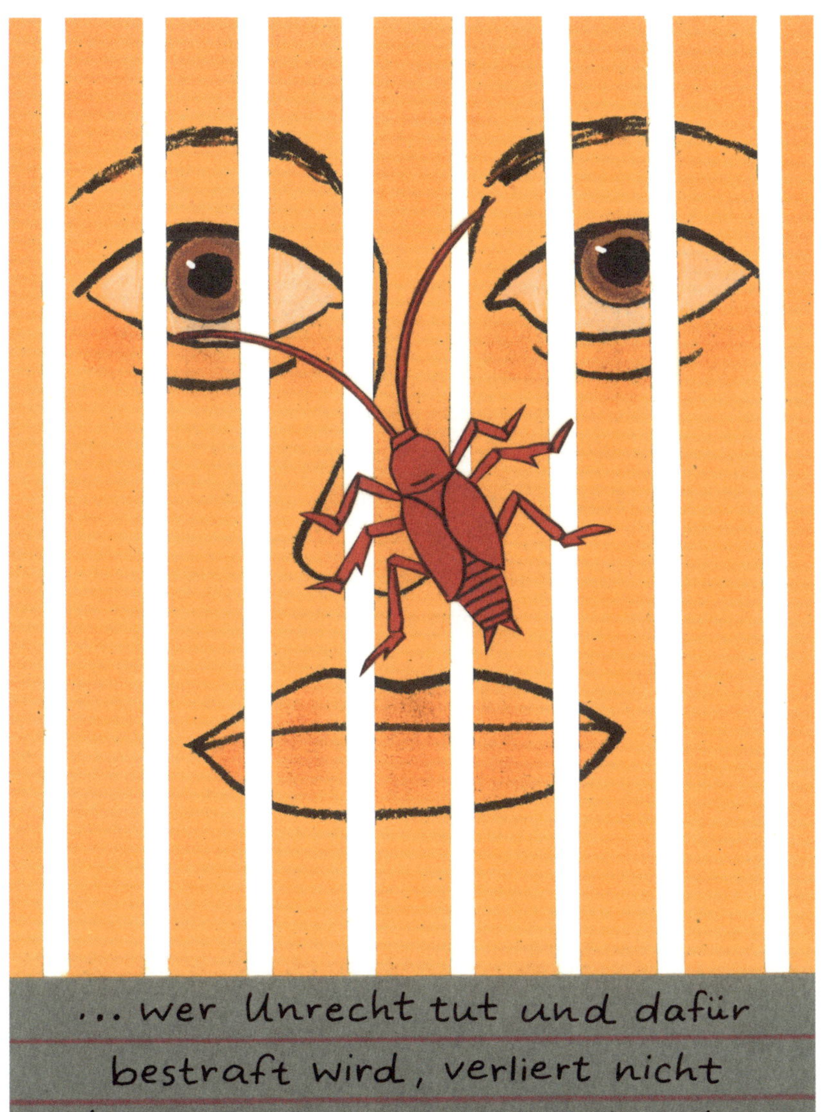

... wer Unrecht tut und dafür bestraft wird, verliert nicht das Recht, menschlich behandelt zu werden.

# JOKER FÜRS LEBEN

Alle Menschen sind frei und gleich an Würde und Rechten geboren. Und doch gibt es Joker fürs Leben. Manche müssen irgendwann in ein seeuntüchtiges Boot steigen und über das Mittelmeer fahren, um nicht zu hungern. Bei den anderen gehen die Croissants beim Bäcker um die Ecke nie aus, und sie freuen sich mit zwanzig auf die Rente mit sechzig. Zu welcher Gruppe man gehört, hängt wenig von der eigenen Leistung und viel von der Staatsangehörigkeit ab.

Es gibt kein Menschenrecht auf Flucht für ein besseres Leben, kein Menschenrecht auf ein angenehmes Schicksal, kein Menschenrecht, da zu bleiben, wo es einem gefällt. Gehen kann man zumeist. Die Frage ist nur, wohin. Und ob man dann auch wieder zurückkommen kann, ist ungewiss. In jedem Fall macht es einen Unterschied, ob man Bürger oder Bürgerin eines Staates ist, der sich den Luxus leisten kann, sich um jeden Einzelnen zu kümmern, oder nicht.

Fasziniert von einer fremden Welt mit Waffen, geblendet von der großen Mission, einen Islamischen Staat zu errichten, folgten Nathalie Delacroix und Martine Lebrun, junge Französinnen, kaum achtzehn Jahre alt, ihren muslimischen Männern in den Dschihad, einen Kampf, den sie für heilig hielten. Das Letzte, was ihre Eltern von ihnen wussten, war, dass sie mit einem Ticket für Syrien in der Hand ausgereist waren. Wenige Jahre später war der Plan, mit Gewalt und Terror einen neuen Islamischen Staat zu errichten, gescheitert. Nathalie und Martine hatten inzwischen Kinder bekommen und wurden mit ihnen im Gefangenenlager Al Hol irgendwo in der syrischen Wüste eingesperrt. Ihre Männer waren tot. Von mitleidlosen Wachen wurden sie auf engem Raum mit 50 000 Menschen zusammengepfercht, zwei Drittel von ihnen waren Kinder, häufig Waisenkinder, die ihre Eltern in den Kriegen des Islamischen Staats verloren hatten. In dem Lager vegetierten sie zusammen mit Verlorenen aus fünfzig Staaten vor sich hin. Ihr Leiden dauerte von morgens bis abends und die ganze Nacht hindurch und begann wieder am Morgen. Sie waren ohne Hoffnung, ohne Aussicht auf Besserung, voller Angst, den nächsten Tag nicht zu erleben. Die Kinder waren krank, medizinische Hilfe gab es nicht. Würden sie jemals nach Frankreich zurückkehren können?

Nathalie und Martine litten wie alle. Aber sie hatten etwas in der Hand, was sie mit ihrem Zuhause verband: ihre Pässe. Und sie hatten Eltern in Frankreich, die sich Sorgen machten und ihre Enkel noch nie gesehen hatten. Die Eltern beauftragten Anwältinnen, die Beschwerden verfassten und Klagen einreichten. Die französischen Behörden lehnten es jedoch ab, sich für sie einzusetzen. Nathalie und Martine

waren schließlich freiwillig gegangen, einem Irrglauben gefolgt, hatten Terror, Angst und Schrecken in die Welt getragen und sich selbst in die Hölle gebracht. Sollten sie doch in der Hölle bleiben! Die Behörden waren nur bereit, sich um französische Waisenkinder zu kümmern, die ohne Schuld in der Ferne waren, sie versuchte man zurückzuholen.

Aber der Europäische Gerichtshof für Menschenrechte sah das anders. Er fand, Frankreich müsse auch für die Mütter Verantwortung zeigen, die ihren Männern in den Krieg für den Islamischen Staat gefolgt waren, dürfe nicht pauschal «nein» sagen, sondern müsse jedes einzelne Schicksal prüfen. Der Staat sei schließlich für die Menschen da, und nicht die Menschen für den Staat. Frankreich wurde verurteilt, die Anwaltskosten der Eltern von Nathalie und Martine in Höhe von 31 000 Euro zu bezahlen und etwas für sie zu tun.

Frankreich zahlte und sorgte dafür, dass die Anträge der Eltern auf Rückführung ihrer Kinder von den Gerichten neu verhandelt wurden – und jetzt mit Erfolg. Die Behörden mussten sich um die beiden Frauen kümmern. Von Martine Lebrun und ihren Kindern gab es keine Spur, niemand wusste, in welchem Lager sie waren und ob sie noch lebten. Aber Nathalie Delacroix fand man und holte sie zusammen mit ihren Kindern zurück. Sie durften in Jeeps der französischen Armee steigen und die Wüste verlassen. Alle anderen im Lager, woher auch immer sie kamen – die Syrerinnen, die Irakerinnen, die Iranerinnen, die Pakistanerinnen, ihre Kinder – mussten zurückbleiben. Für ihre Menschenrechte interessierte sich niemand, ihre Geschichten wurden nicht erzählt, ihre Namen nicht genannt.

Die Philosophin Hannah Arendt, der man als Jüdin im «Dritten Reich» die deutsche Staatsangehörigkeit entzogen hatte, sprach einmal davon, dass das Recht auf Staatsangehörigkeit das eigentlich wichtigste Recht sei, da man erst damit das Recht habe, Rechte zu haben. Aber Staatsangehörigkeit ist nicht gleich Staatsangehörigkeit. Manche Staatsangehörigkeiten sind ein Joker. Und andere nicht.

# 2.
# RECHT AUF LEBEN

# FEUER VOM HIMMEL

Grosny» heißt auf Russisch «schrecklich». Es ist der Name der Hauptstadt Tschetscheniens, einer Republik im Kaukasus. Viele Menschen hier wollen, dass ihr Land unabhängig von Russland wird.

Grosny, im Oktober 1999. Die russische Armee führt Krieg gegen tschetschenische Widerstandkämpfer, einen Krieg, der nicht Krieg genannt wird. An einem Tag im Oktober werden heftige Luftangriffe auf Grosny geflogen. Der Rundfunk meldet, für Zivilisten werde ein Korridor geschaffen, durch den sie sicher in die Nachbarrepublik Inguschetien gelangen könnten. Ein großer Konvoi von Frauen und Kindern, die dem Feuer aus dem Himmel entkommen wollen, setzt sich in Bewegung. An der Grenze zwischen Tschetschenien und Inguschetien werden sie aber vom russischen Militär am Fortkommen gehindert. Als nach einigen Stunden Wartezeit bekanntgegeben wird, man könne die Grenze an diesem Tag nicht mehr passieren, kehren die Menschen um. Es entsteht ein großes Durcheinander. In diesem Moment fliegen russische Flugzeuge über den Konvoi und werfen Bomben ab. Medka Chuchuyevna Isayevas Kinder und ihre Schwiegertochter werden getötet, sie selbst wird schwer verletzt.

«Zwischen den Waffen schweigen die Gesetze», so heißt ein uraltes Sprichwort. Es mag so scheinen, als wäre die Rechtlosigkeit des Krieges gottgegeben. Wie sollte es ein Recht auf Leben geben, wenn Töten zur Pflicht wird? Wie sollte es ein Recht auf Gesundheit geben, wenn Bomben vom Himmel fallen? Wie könnte es ein Recht auf

Schutz der Familie geben, wenn Familien auseinandergerissen werden, sich monatelang, jahrelang oder nie mehr sehen?

Medka aber bekam Recht und Geld für ihr Leid. Ihre Anwälte brachten ihren Fall vor den Europäischen Gerichtshof für Menschenrechte in Straßburg. Die Richterinnen und Richter urteilten, dass aus den Flugzeugen nicht auf die Fliehenden geschossen werden durfte. Menschenrechte gelten nicht nur vor und nach dem Krieg, sondern auch währenddessen. Das Geld konnte niemanden mehr lebendig machen und keine Wunden heilen. Aber es war ein Zeichen dafür, dass diejenigen, die Unrecht begangen hatten, nicht straflos davonkommen, sondern Verantwortung tragen müssen. Krieg und Gewalt wurden Grenzen gesetzt.

Kriege bleiben schrecklich. Die Hoffnung auf Gerechtigkeit wird nur sehr selten eingelöst. Es passieren so viele Untaten, dass man sie nicht mehr zählen kann. Die Toten können keine Gerechtigkeit einfordern. Aber das Recht schweigt nicht mehr zwischen den Waffen.

# LEBEND TOTE

Seinen Namen kannten alle in Frankreich. Er selbst konnte nicht wissen, wie berühmt er war, obwohl die Zeitungen jeden Tag von ihm berichteten. Vincent Lambert hatte als Krankenpfleger gearbeitet, schnelle Motorräder geliebt und war mit seiner Frau glücklich gewesen, bis ein schwerer Unfall passierte. Vincent überlebte knapp, wachte aber nicht mehr aus dem Koma auf. Ab diesem Zeitpunkt starrte ganz Frankreich auf sein Krankenbett. Denn seine Frau wollte, dass man ihn sterben lässt, seine Eltern hielten es für eine Sünde, die Geräte abzuschalten, mit denen sein Brustkorb zum Atmen bewegt und sein Kreislauf aufrechterhalten wurde. Seine große Familie war gespalten, vier Geschwister standen auf der einen und vier Geschwister auf der anderen Seite. Und dann mischten sich noch die Neffen und Nachbarn und Politiker ein. Jeder wusste besser, was für Vincent Lambert gut war.

Es gibt ein Menschenrecht auf Leben, ein Menschenrecht auf Tod gibt es nicht.

Diane Pretty hatte es einmal vor Gericht eingefordert. Sie war bis zum Hals gelähmt. Ihre Schmerzen hielt sie für Folter. Sie wollte von ihrem Mann Brian eine Dosis Gift gereicht bekommen. Er hätte es getan, wenn er dafür nicht fünfzehn Jahre ins Gefängnis gemusst hätte. Das sei eben so, sagten die einen. Dass der Staat Leben schütze, sei nicht zu verdammen. Die anderen erklärten, es gebe ein Recht auf selbstbestimmtes Sterben.

Diane Pretty verlor ihren Prozess vor dem Europäischen Gerichtshof für Menschenrechte. Sie starb wenig später an schwerer Atemnot.

Vincent Lambert konnte keinen Prozess führen, er war nur das Objekt, über das die anderen stritten. Wenn er sich nach dem Tod sehnte, so war es ein langes Sehnen. Über zehn Jahre wurde prozessiert, bevor die Ärzte die Geräte abschalten durften. Sollte Vincent Lambert sich aber nicht nach dem Tod gesehnt haben, so wäre es ein allzu schnelles Ende gewesen. Was immer er gedacht, gewünscht, gehofft haben mag – das Geheimnis hat er in seinen Tod mitgenommen.

# AUF DER FLUCHT

Sie kommen von überall und wollen nach Europa, dorthin, wo Ordnung ist, wo die Häuser nicht schief stehen und von den Hängen rutschen, wo keine Dürre herrscht und kein Bürgerkrieg, wo es keine Sittenpolizei gibt, die Frauen wegen einer in die Stirn fallenden Locke mit Stockschlägen bestraft, dorthin, wo die Kinder in die Schule gehen und dann in eine sichere Zukunft.

Die meisten, die kommen, sind jung, weil man Kraft braucht, wenn man lange wandert. Von Süden nach Norden ist der Weg weit. Er führt über Gebirge, durch steinige Halbwüsten, dann durch die Sahara, und wenn es übers Mittelmeer geht, ist der Weg unheimlich und gefährlich. Wenn sie loslaufen, wissen sie nicht, was Ankommen bedeutet, aber sie hoffen, dass irgendetwas in ihrem Leben besser werden wird.

Ahmed und Reza waren durch viele Wüsten gezogen. Aber kurz vor dem Meer stand ein Zaun, und hinter dem Zaun war wieder ein Zaun und dann noch einer, und das Land dahinter sollte schon Europa sein: die Enklave Melilla, ein Stück Europa in Afrika: Es gab ein Diesseits und ein Jenseits der Grenze, ein Drinnen und ein Draußen. Ahmed und Reza konnten nicht lesen, was auf den großen Schildern auf dem Zaun geschrieben stand. Es war ihnen auch egal. Für sie gab es nur eines: nicht draußen bleiben.

Am Zaun wurden viele Gerüchte erzählt. Dass er in der Nacht niedriger wäre. Dass hinter dem dritten Zaun ein vierter käme und dann ein fünfter. Dass, wer darüber geklettert war, mit einem Dampfer, auf dem Ober mit schwarzen Fliegen Vanilleeis servierten, nach Europa gebracht würde. Dass manche zwanzig Kletterversuche brauchten und manche nur einen. Dass man sich bei Mohammed im blauen Zelt Schuhe mit Krallen zum Klettern besorgen konnte. Dass nur die Dummen aufgäben. Schließlich gebe es ein Recht auf Leben und ein Recht auf Asyl.

Sie glaubten alles. Für Ahmed und Reza war es der siebzehnte Versuch, der klappte. Sie landeten hart auf der anderen Seite des Zaunes, es war mehr ein Sturz als ein Sprung. Aber sie standen auf, hoben die Finger zum Siegeszeichen und machten den anderen Mut, die noch kletterten.

Nur – niemand war da, der hören wollte, dass sie Asyl suchten. Die Polizisten trugen schutzsichere Westen und Helme. Den Obern mit schwarzen Fliegen und Vanilleeis glichen sie nicht. Sie zählten diejenigen, die gelandet waren, machten kleine Striche auf ihren Listen, öffneten die Türen ihrer vergitterten Polizeiwagen und schubsten die

Neuankömmlinge hinein. Noch ehe Ahmed und Reza sich versahen, waren sie wieder auf der anderen Seite. Wieder vor dem Zaun, der jetzt noch viel höher erschien.

Sie hatten keine Pässe. Sie hatten kein Geld. Ihr Reichtum waren die Geschichten, die sie mitbrachten, die Erzählungen vom schlechten Leben, in das sie nicht mehr zurückkonnten und nicht mehr zurückwollten. Geschichten waren für sie wie eine Währung. Sie wollten damit ihre Eintrittskarten in das fremde reiche Land bezahlen und endlich ihr eigenes Leben führen. Sie hätten ihre Geschichten gerne per Flaschenpost verschickt. Aber sie hatten keine Adresse.

Achmed und Reza blieb nur ein Vor-dem-Zaun-Leben. Sie übten Klettern. Nochmals siebzehn Versuche, dann würden sie wieder erfolgreich sein. Vielleicht käme dann doch der Dampfer, der sie in Richtung Norden bringen würde, über das große Meer. Sie gaben die Hoffnung nicht auf.

Und wenn sie nicht gestorben sind, dann hoffen sie noch heute.

# DER GROSSE UND DER KLEINE

Alexei Nawalny überragte alle an Größe. Wenn er stand und sprach, sah man ihn. Er hatte etwas zu sagen. Viel Wut hatte er angesammelt, aber auch viel Information. Er konnte alles beweisen: Wie korrupt jene waren, die die Macht gestohlen hatten. Wie sie sich heimlich unter falschem Namen Jachten und Paläste kauften, wie sie Duschen mit goldenen Armaturen versehen ließen und über die Betten Baldachine bauten, wie Könige. Er konnte ihre Gier mit Rechnungen und Bildern belegen, schwarz auf weiß. Er wusste, dass es Millionen Neugierige gab, die wissen wollten, wie es so war, da oben an der Macht. Er zeigte es, Video für Video. Wer seine Website anklickte, der wusste, was gekauft, was gestohlen, was geschenkt war. Wer mit wem bekannt war, wer wem was schuldete, und wer von den Mächtigen und Reichen mit wem befreundet war und wer wen bestach. Nawalny log nicht. Es war eine Wahrheit, die alle hören wollten, nur die Mächtigen und Reichen nicht, vor allem einer.

Sein Feind Wladimir Putin ist klein von Wuchs. Er mischt sich ungern unter Menschen, dafür liebt er große Auftritte in pompösen Sälen. Für die Menschen ist er immer sichtbar, in tausend Fernsehprogrammen, in den Endlosschleifen der Nachrichten. «Unser Präsident Putin» – mal steif mit Krawatte, mal mit freiem Oberkörper und Jagdmesser in der Hand, mal in der Kleidung der Yudokas, mal neben Panzern und Uniformen mit ernstem Gesicht. Er erklärt, was gemacht werden muss, welche Opfer zu erbringen sind und warum man gegenüber seinen Feinden keine Gnade walten lassen darf.

Die beiden sind sich persönlich nie begegnet und hatten sich doch gegenseitig immer im Blick. Nawalny sprach, Putin schwieg und ließ handeln. Hundertschaften wurden eingesetzt, um den Störenfried auszuschalten oder festzuhalten. Justiz, Polizei, Geheimdienst: Der Kleine brauchte den ganzen Staat gegen den Großen, um ihn erst vor Gericht, dann ins Gefängnis und schließlich ins Grab zu bringen.

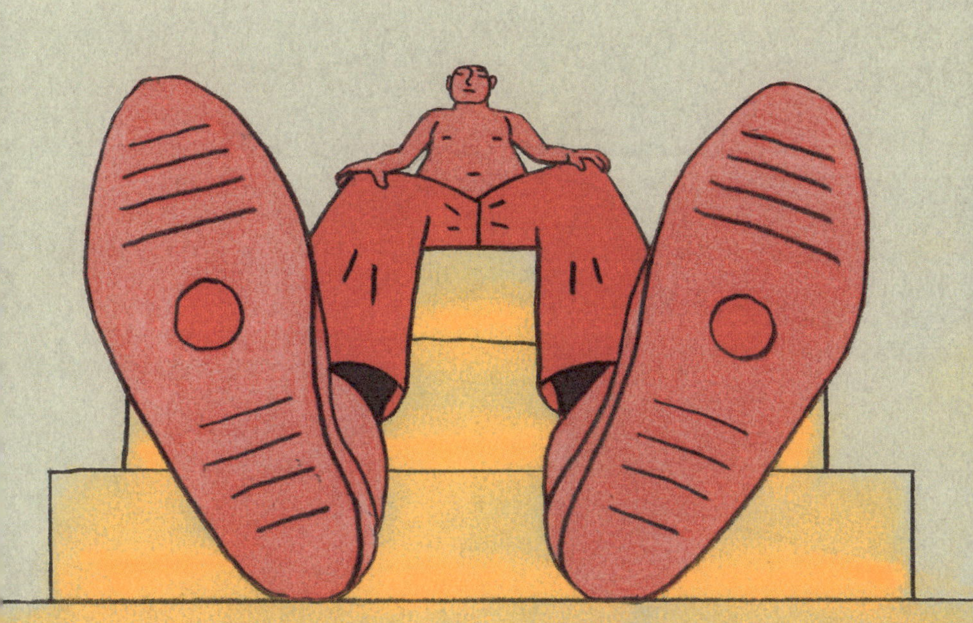

... der Kleine brauchte den ganzen Staat, um den Großen erst vor Gericht, dann ins Gefängnis und schließlich ins Grab zu bringen.

Lange trotzte der Große dem Kleinen, überlebte einen Giftanschlag, blieb laut und hörbar, auch als er in den entferntesten Winkel Russlands gebracht wurde. Er war mager und blass, aber aufrecht. Die Strafen und Verurteilungen häuften sich: ein Jahr Lagerhaft, dann acht Jahre, dann zwanzig Jahre. Die Gerichte lasen dem Kleinen jeden Wunsch von den Lippen ab, straften auch dann, wenn noch gar keine Strafe gefordert war. Es war ein ungleicher Kampf. Am Ende hat der Kleine gewonnen. Tote sprechen nicht mehr. Und stören doch. Nawalnys Sarg sind Tausende gefolgt. Sein Name ist in die Geschichte Russlands eingraviert und nicht mehr zu löschen, auch nicht von jenem, der alle Macht in Händen hält.

Andere politische Gefangene sind noch am Leben. Auch sie haben zu laut gesprochen, zu viel kritisiert, wollten ihr Land verändern, wollten selbst an die Macht kommen, vertraten Interessen, die nicht vertreten werden sollten, hatten Mut zu sagen, was andere sich nicht einmal zu denken trauten.

An politische Gefangene zu erinnern und nach ihnen zu fragen, ist gefährlich. Sie sollen unsichtbar sein. Und werfen doch mächtige Schatten.

# 3.

# RELIGIONS-FREIHEIT

# DIE VERHÜLLTEN FRAUEN

Sie sehen etwas unheimlich aus. Wenn man viele von ihnen sieht, wirken sie wie schwarze große Vögel. Meist huschen sie schnell vorbei. Ihre Augen sind kaum hinter dem schweren Stoff ihrer Burkas zu erkennen, ihre Gestalt hat die Form eines Dreiecks.

Sie gleichen niemandem, nicht den selten gewordenen christlichen Ordensschwestern, die schwarz, weiß, grau oder braun gewandet sind und meist eine altmodische Haube tragen, die die Haare bedeckt, nicht den Hare-Krishna-Mönchen mit ihren orangenen Kutten und kahlrasierten Schädeln, nicht den Menschen im Karneval, die sich als Fledermäuse verkleiden. Sie sind anders.

Ihr Anderssein macht sie verdächtig, macht die Politik nervös. Was nervös macht, wird verboten.

In Frankreich und in Belgien haben die Parlamente Gesetze erlassen, die den Frauen verbieten, Burkas zu tragen, die Gesicht und Körper verhüllen. Die Gesetze lesen sich wie eine neue Kleiderordnung für das 21. Jahrhundert: Zu viel Stoff – das gehe nicht. Man müsse die Augen sehen, man müsse mit jedem Menschen sprechen können, es gebe ein Recht auf Zusammenleben, ein Recht auf Anschauen, eine Pflicht, sich anschauen zu lassen.

Ayla, eine junge Frau, wollte sich dem nicht beugen. Sie war Jurastudentin, Muslimin. Sie wollte ihre Burka tragen, wenn es ihr beliebte, zum Beispiel an Fest- und Feiertagen und für den Besuch der Moschee, keinesfalls immer. Sie wollte entscheiden, wann sie sich

nach einem Burkatag fühlte und wann nicht. Sie wollte nicht 150 Euro Strafe zahlen, als wäre das Tragen einer Burka so schlimm wie bei Rot über die Ampel zu fahren. War es nicht ihr Menschenrecht, sich so zu kleiden, wie sie wollte? Hörte nicht ihre Freiheit erst da auf, wo die Freiheit der anderen begann? Wem tat sie weh? Hatte irgendjemand das Recht, keine Burkas in der Stadt zu sehen, eine Recht auf eine burkafreie Zone? Und waren nicht die Köpfe von motorradfahrenden Männern und Frauen ebenfalls verhüllt? Wie viel vom Gesicht sah man noch in der Pandemie, als alle Masken trugen?

Die Politik hielt dagegen: Keine Frau könne freiwillig eine Burka tragen wollen. Es sei ein Zeichen der Unterdrückung der Frau, und das passe nicht in die europäische Kultur. Nicht die Meinungsfreiheit, auch nicht die Religionsfreiheit könne es rechtfertigen, den Gehorsam der Frau gegenüber dem Mann öffentlich zu zelebrieren.

Ayla verlor ihren Prozess. Die Richterinnen und Richter entschieden, dass es kein Recht gebe, Außenseiterin zu sein. Ihr wurde Intoleranz vorgeworfen, obwohl sie der Meinung war, nicht sie, sondern die anderen seien intolerant. Manchmal hat das Anderssein einen Preis, manchmal ist es nicht möglich.

«Oben ohne» soll dagegen erlaubt sein, zumindest in Berliner Schwimmbädern. Wie könnte man Frauen verbieten, ihren Körper zu entblößen, wenn man es Männern erlaubt?

# WER GLAUBT AN DAS SPAGHETTIMONSTER?

Wie man sich den lieben Gott vorstellen kann? Mit langem wallendem Bart und wehenden Kleidern, schwebend und schwerelos? Mit strengem Blick im hageren Gesicht? Lächelnd, so wie jemand, der die Tür öffnet und sich freut, dass man kommt? Oder als Baum, als Vogel, als Berg? Oder ist Gott ein Spaghettimonster mit um den Kopf gewickelten Nudeln und einem Sieb auf dem Kopf?

Religion hat mit Glauben zu tun, und glauben kann man vieles. In der Bibel wird erzählt, Gott freue sich über Opfer von Tieren, die man ihm auf dem Altar darbringt. Einmal soll sogar ein Mensch geopfert werden, aber der wird dann doch noch schnell durch ein Tier ersetzt. Die griechischen Götter führen ein sehr weltliches Leben, reiten auf Stieren, verwandeln sich in Goldregen und kämpfen gegen Titanen. Andere Götter sind unaufgeregter und begnügen sich mit Meditation. Manche Götter wenden sich von der Welt ab und sind verborgen, während andere in goldenen Tempeln, großen Kathedralen oder auf dem Berg wohnen.

Vom Spaghettimonster wird in keiner Heiligen Schrift erzählt. Ein junger Mann aus Kansas in den USA hat es erfunden. Er ärgerte sich darüber, dass auch im Biologie- und Naturkundeunterricht gelehrt wurde, Gott habe die Welt mit allen Pflanzen, Tieren und

Menschen erschaffen, es gebe keine Evolution. Er fand das falsch und schuf seinen eigenen Spaßgott, um sich über alle anderen Religionen lustig zu machen. Das «Vaterunser» dichtete er um in ein «Monster-unser-Gebet». Nicht mehr um das «tägliche Brot» bat man Gott, sondern um die tägliche Pasta, und man vergab denjenigen ihre Schuld, die keine Nudeln aßen. Mit seiner als «Pastafarismus» bezeichneten Lehre blieb er nicht allein, viele fanden seine Ideen geistreich und witzig und wurden seine Follower. Weltweit wurden Vereine und Kirchen gegründet.

Auch Hermina Wildmeier meinte es ernst mit der Spaghettimonster-Religion. Sie trat der Kirche des Fliegenden Spaghettimonsters bei und lebte nach ihren Ritualen, feierte Nudelmessen und trug immer ein Nudelsieb als Zeichen ihres Glaubens auf dem Kopf. Als sie sich einen neuen Pass ausstellen lassen musste, reichte sie ein Foto ein, auf dem sie mit Nudelsieb auf dem Kopf abgebildet war. Ihrer Meinung nach durfte sie nicht anders behandelt werden als Frauen, denen man zugestand, mit Schleier oder Kopftuch abgelichtet zu werden. Auch für sie sei das Tragen der speziellen Kopfbedeckung eine religiöse Pflicht, die sie unbedingt erfüllen müsse. Die Passbehörde antwortete mit einem klaren «Nein». Das Spaghettimonster sei kein Gott, der Pastafarismus keine Religion, und überhaupt sei das alles nichts als Schnickschnack und religiöser Unfug. Und ein Recht auf religiösen Unfug gebe es nicht.

Die Gerichte nahmen die Klage von Hermina Wildmeier dennoch ernst, schließlich gehören Fragen der Religionsfreiheit und Toleranz zum Wichtigsten im Zusammenleben der Menschen. Aber dann entschieden sie doch gegen Nudelmesse und Nudelsieb. All das sei aus einem Protest heraus entstanden. Für eine echte Religion fehle die Antwort auf die grundlegenden Fragen des Seins. Es ginge nicht um Glauben und Überzeugungen, sondern um Anderssein und Kritik.

Neue Religionen kann man erfinden, Offenbarungen und Erleuchtungen sind erlaubt. Aber nicht jede witzige Idee, nicht jeder spontane Einfall ist schon eine «Religion». Mehr als nur Spott muss es auf jeden Fall sein.

# DIE HEILIGEN BÜCHER

Die heiligen Schriften von Juden, Christen und Muslimen sind Jahrhunderte und Jahrtausende alt. Sie sprechen von Gott und loben ihn mit erhabenen Worten. Er ist der Gewaltige, der Ewige, der Gütige, der Barmherzige. Sie erzählen von Himmel und Hölle, von Tod und Teufel. Sie tragen die Gedanken und Erfahrungen vergangener Zeiten weiter und künden von einer fernen, anderen Welt, bauen Brücken vom Jenseits ins Diesseits und vom Diesseits ins Jenseits. Die Schriften sind wahr für die, die daran glauben. Für sie sind sie heilig. Oft sind sie wunderbar ausgeschmückt und werden in kostbaren Schränken verwahrt.

Für die Ungläubigen dagegen ist alles nur altes Papier. Sie machen sich über die Geschichten, die ihnen unglaubwürdig vorkommen, lustig, sehen im Ehrwürdigen das Falsche. Das Erhabene und Feierliche ist für sie Kitsch. Sie wissen nicht, was Ehrfurcht ist. Sie sind sich selbst genug und brauchen keinen Gott. Sie erfinden die Welt neu und glauben, alles besser zu wissen. Es ist leicht zu spotten. Vom Spott ist es nicht weit bis zum Ärgern. Und wer ärgert, kann auch zerstören. Für die Spötter beweist sich gerade im Spott die Meinungsfreiheit.

Manche Gläubige, für die es ein gottgefälliges Leben nur in einer Familie mit Vater, Mutter und Kindern gibt, verachten, ja hassen das Leben der Ungläubigen. Wenn diese ungebunden leben, Abtreibungen vornehmen oder homosexuell sind, werfen sie ihnen Ehebruch,

...Freiheit hört da auf,
wo der Hass anfängt.
Das gilt für alle
Freiheiten. Für
Meinungsfreiheit
und Religionsfreiheit
ganz besonders.

und Unzucht vor. In dieser unerbittlichen Haltung zeigt sich für sie ihre religiöse Freiheit.

Wenn eine Seite die andere hasst und ihr das Recht abspricht, anders zu sein, dann ist es unvermeidlich, dass eines Tages die heiligen Schriften der einen und die bunten Fahnen der anderen brennen. Schuld ist die Freiheit, die missverstanden wird. Freiheit hört da auf, wo der Hass anfängt. Das gilt für alle Freiheiten. Für Meinungsfreiheit und Religionsfreiheit ganz besonders.

4.

# MEINUNGS-FREIHEIT

# RÜHREIER AUF DEM KRIEGERDENKMAL

Es war ein sonniger Donnerstagnachmittag im Frühling, der die Jungs mit ihren aufgeschlitzten Jeans und Hemden und die Mädchen mit ihren bunten T-Shirts in eine ausgelassene Stimmung versetzte. Den Weg zum Kriegerdenkmal in der ukrainischen Hauptstadt Kiew legten sie mit dem Fahrrad zurück. Es war etwas außerhalb des Zentrums, aber nicht weit. Nina hatte die Eier dabei. Es war ja auch ihre Idee gewesen. Zehn Eier und eine Pfanne. Die Jungs und Marina brachten Würstchen mit. Dann hielten sie die Pfanne über die ewige Flamme am Grab des unbekannten Soldaten, schlugen die Eier hinein, legten die Würstchen daneben und brieten sie an der Stelle, an der 32 junge Männer begraben waren, die im Zweiten Weltkrieg gekämpft hatten. Zwei Polizisten kamen vorbei, begutachteten Pfanne, Eier und Würstchen und erklärten die Aktion für unanständig, mehr aber auch nicht.

Irgendjemand war auf die Idee gekommen, das Spektakel zu filmen. Im Internet unterlegte Nina die Szene mit einem alten sowjetischen Militärmarsch und machte sich über den sowjetischen Kriegsgräberkult und den bereits 53 Jahre dauernden Gasverbrauch für die Ewige Flamme lustig, die niemanden wärme und für niemanden gut sei. Sie pries ihr «Rezept des Tages» und forderte andere auf, ihrem Beispiel zu folgen.

Es war ein kurzes Spektakel und ein langer Skandal. Nina wurde verhaftet. Sie litt drei Monate in der Untersuchungshaft und wurde zu einer dreijährigen Haftstrafe verurteilt, die aber zur Bewährung ausgesetzt wurde. So kam sie wieder frei. Trotzdem wehrte sie sich gegen die Verurteilung und brachte den Fall vor den Europäischen Gerichtshof für Menschenrechte.

Sicherlich, ihre Kritik an der Verschwendung von Steuergeldern hätte sie auch auf andere Weise äußern können. Aber sie liebte den Skandal und das Theater; das war ihr Leben. War Meinungsfreiheit nicht ein Menschenrecht?

«Im Prinzip ja», sagten die Richterinnen und Richter, aber sie waren sich bei der Entscheidung des Falls uneins. Die Mehrheit fand, auch für künstlerische Performances gebe es Grenzen. Ehre sei Ehre, an das Gedenken für die Gefallenen dürfe man nicht rühren. Spott sei akzeptabel, aber nicht diese Art von Spott. So wurde Ninas Klage abgewiesen. Die Minderheit dagegen argumentierte, dass gerade das Aufmucken und Stören geschützt werden müsse. Brave Meinungen könne jeder vertreten. Nur mit Krach lasse sich in der Gesellschaft etwas bewegen.

Im Jahr 2010 schien der Zweite Weltkrieg der neunzehnjährigen Nina Lichtjahre entfernt zu sein. Noch nicht einmal an Erzählungen über Erzählungen aus jener Zeit des Tötens und Sterbens konnte sie sich erinnern. Das Leben der Toten, für die die Flamme brannte, ließ sie kalt, es reichte nicht mehr in die Gegenwart. Vier Jahre später besetzte Russland die Krim und verleibte sich damit einen Teil ihres Heimatlandes, der Ukraine, ein. Zwölf Jahre später waren die Bombardements und Angriffe auf die ukrainischen Städte fast wieder so schlimm wie im Zweiten Weltkrieg.

Den Schmerz, die Empörung und die Bitterkeit derjenigen, die sie bei der Polizei wegen der Entweihung des Grabs des Unbekannten Soldaten angezeigt hatten, konnte Nina nun verstehen. Sie war traurig über ihren Übermut. Aber sie fand noch immer, dass sie für ihre Meinung, und mochte es eine falsche Meinung sein, nicht hätte bestraft werden dürfen.

# DIE WILDEN SÄNGERINNEN

Mutter Gottes, du Jungfrau, vertreibe Putin! Vertreibe Putin, vertreibe Putin!» Die Sängerinnen der Gruppe Pussy Riot brauchten nur 41 Sekunden, um mit ihrem Punk-Gebet weltberühmt zu werden. Lila, orange, grün, gelb, blau: In knalligen Farben, das Gesicht mit bunten Sturmhauben verhüllt, so traten sie 2012 in der Christ-Erlöser-Kathedrale im Herzen Moskaus auf. Es war gerade keine Messe, nur wenige zufällige Besucherinnen, die den strengen Regeln entsprechend ihr Haar mit einem Tuch bedeckt hatten, wurden aufgeschreckt. Die Wächter waren schnell zur Stelle, packten die jungen Frauen, zerrten sie aus dem heiligen Raum.

Zwei der festgenommenen Sängerinnen wurden nach sechs Monaten Untersuchungshaft zu weiteren anderthalb Jahren Straflager verurteilt. Marija Aljochina hatte ein kleines Kind, sie würde es lange nicht sehen, Nadeschda Tolokonnikowa wurde von Freunden und Familie getrennt. Die dritte Verhaftete, Jekaterina Samuzewitsch, kam auf Bewährung frei. Aber sie bereuten nichts. Sie hatten getan, was sie tun mussten. Ihr Protest war laut und verstörend, ehrlich, voller Rhythmus und Geschrei. Sie hatten alles für einen kleinen Augenblick der Aufmerksamkeit gegeben, die Scheiße hatte im Liedtext nicht gefehlt. Beim Prozess war noch einmal das Spotlight auf sie gerichtet, als sie im Käfig saßen und cool blieben. Die Strafe war für sie die Bestätigung, dass das Reich des Schrecken einflößenden Diktators Stalin nicht untergegangen war. Dann hörte man nichts mehr von ihnen. Im Gefängnis trugen sie keine Leuchtfarbenkleidung mehr, sondern waren grau und trist wie alle.

Die wilden Sängerinnen hatten Recht und haben Recht bekommen. Sie klagten erfolgreich beim Europäischen Gerichtshof für Menschenrechte gegen ihre Verurteilung. Der Gerichtshof sprach ihnen Schmerzensgeld zu und Russland zahlte. Aber ihr Gebet wurde nicht erhört. Putin blieb an der Macht und entschied, dass Menschenrechte überhaupt nicht mehr geschützt werden sollen. In seinen Reden prangert er sie als abartig an. Die Europäische Menschenrechtskonvention gilt in Russland nicht mehr. Als es den Krieg gegen die Ukraine begann, wurde es ausgeschlossen. Putin passt das, er will nicht gestört werden.

Es bleibt die Frage, wer am längeren Hebel sitzt. Die Sängerinnen von Pussy Riot geben im Exil Konzerte, sie haben Russland verlassen. Aber eines Tages könnten sie dorthin zurückkehren. Und ihr Gebet könnte doch noch erhört werden.

# RECHT AUF WAHRHEIT

Piotr und Kazimierz wussten, dass ihr Vater getötet worden war, weil er als polnischer Offizier im Zweiten Weltkrieg zwischen die Fronten geraten war. Der sowjetische Diktator Stalin hatte 1940 befohlen, dass in einem Wald im Osten Polens über 4000 polnische Gefangene, die meisten von ihnen Offiziere, erschossen und vergraben werden sollen. Der Name des Ortes, an dem das dunkle Verbrechen geschah, grub sich bei all jenen, die um ihre Lieben trauerten, tief ein, und durfte doch nicht genannt werden: Katyn. Als später die Leichen gefunden wurden und das Verbrechen weltweit für Empörung sorgte, behaupteten die sowjetischen Soldaten, deutsche Soldaten wären die Mörder gewesen. Zeugen wurden verfolgt, es war gefährlich, die Wahrheit zu sagen.

Piotr und Kazimierz waren kleine Kinder, als der Mord an ihrem Vater geschah. Die Wahrheit hatten sie nur im Flüsterton gehört, sie wussten, dass sie nicht darüber sprechen durften. Sie mussten lange warten, bis der Krieg vorbei und die sowjetischen Soldaten abgezogen waren. Es dauerte viele Jahrzehnte, bis man man frei reden und die Geschehnisse untersuchen konnte. Historikerkommissionen aus Polen und aus Russland begannen, miteinander zu arbeiten. Doch dann änderte sich die Politik Russlands und man wollte von der Wahrheit nichts mehr wissen. Die Historikerkommissionen wurden

aufgelöst, Piotr und Kazimierz durften nicht mehr nach Katyn kommen. Man ließ sie nicht mehr nach Spuren des Verbrechens suchen, nicht schauen, ob sie noch Dokumente finden könnten, nicht Einblick in die Archive nehmen. Die russischen Behörden behaupteten, in Katyn gäbe es nichts mehr zu sehen. Sie leugneten sogar, dass die Morde überhaupt geschehen waren, spotteten über die Toten, die doch vielleicht gar nicht tot waren, sondern nur nicht zu ihren Familien zurückkehren wollten. Im hohen Alter, über siebzig Jahre nach den Ereignissen, wandten sich Piotr und Kazimierz an den Europäischen Gerichtshof für Menschenrechte. Sie wollten der Geschichte ihres Vaters ein Denkmal setzen und ihr Recht auf Wahrheit einfordern. Sie wollten wissen, wie es genau gewesen war, damals, in der Zeit des Krieges. Aber sie scheiterten. Für die Richterinnen und Richter waren die Toten schon zu lange tot. Für sie reichten die Menschenrechte nicht so weit zurück. Menschenrechte gab es erst nach dem Krieg. Die Fragen nach dem, was zuvor geschehen war, mussten unbeantwortet bleiben. Gerechtigkeit hat Grenzen.

# DER GUTE VERRAT

Manchmal ist es gut, wenn etwas geheim bleibt, weil es Angst und Schrecken erzeugen oder andere in Gefahr bringen würde, wüsste man Bescheid. Nachrichtendienste haben Geheimnisse, ebenso das Militär. Politiker halten manchmal ihre Überlegungen geheim, damit nicht alle schon darüber reden, obwohl sie sich selbst noch zu nichts entschieden haben. Und manches soll für immer im Verborgenen bleiben. Das gilt für die dunklen Geheimnisse: Unrecht, peinliche Fehler, schreckliche Verbrechen sollen nicht bekannt werden, weil man Angst hat, dass man sonst dafür büßen und ins Gefängnis gehen müsste, weil man vermeiden will, dass Vertrauen verloren geht, dass die Geschichte neu geschrieben werden muss.

Whistleblower sind Menschen, die dunkle Geheimnisse verraten. Sie verpfeifen ihre Chefs, ihre Kollegen, Behörden, Gerichte, Institutionen, Unternehmen, die Regierung, das Militär, spielen geheime Dokumente der Presse zu, die sie willig aufgreift und an die ganz große Glocke hängt. Whistleblower bekommen Preise und Gefängnisstrafen zugleich. Sie werden entlassen und verfolgt, gelobt und verachtet. Ohne sie wüssten wir nicht, dass Botschafter anderer Länder eine Regierungschefin als «Teflonpfanne» bezeichnen oder einen Außenminister für eine «überschäumende Persönlichkeit» halten. Wir wüssten nicht, dass Politiker vom Geheimdienst eines befreundeten Landes heimlich abgehört werden, und auch nicht, wie viele der Reichen und Schönen ihr Geld vor den Steuerbehörden in der Karibik verstecken, oder wie Polizeioffiziere Gefangene misshandeln, wie große Unternehmen in Absprache mit Regierungen Wege finden, keine Steuern zu zahlen, oder wie Altenpflegerinnen die ihnen anvertrauten Menschen nur noch verwalten und nicht mehr pflegen.

Brigitte Heinisch, eine Altenpflegerin aus Berlin, war der Meinung, dass die Versprechen, die die Chefin des Pflegeheims den Angehörigen der kranken und gebrechlichen Menschen gab, leer und falsch seien. Statt liebevoller Zuwendung bekamen die alten Menschen eine schnell getaktete Kurzabfertigung und mussten auf alles lange Stunden warten – auf ein gemachtes Bett, auf eine heiße Suppe, auf einen stützenden Arm beim Gang zur Toilette. Frau Heinisch schimpfte und wütete, ohne viel Gehör zu finden, bis sie sich mit einem Betrugsvorwurf an die Außenwelt wandte. Dann handelte die Chefin des Pflegeheims sehr schnell und entließ sie.

Zu Unrecht, wie die Straßburger Richterinnen und Richter befanden. Brigitte Heinisch hatte gegenüber ihrer Chefin deutlich gerügt, was sie schlecht fand, und hatte sich bemüht, die Missstände abzustellen, aber ohne Erfolg. Deshalb hatte sie das Recht, über das, was im Pflegeheim geschah, zu berichten. Die kranken und gebrechlichen Menschen selbst konnten sich nicht zu Wort melden.

Geheimnisse zu erzählen gehört zur Meinungsfreiheit. Wer Vertrauen bricht, muss dennoch mit unangenehmen Konsequenzen rechnen. Auch wenn es ein guter Verrat ist und man das Recht hat zu sprechen, wird man dafür nicht geliebt werden. Whistleblower haben es schwer, auch wenn sie das Recht auf ihrer Seite haben.

5.

# VERBOT DER DISKRIMINIERUNG

# DIE DUNKLEN UND DIE HELLEN

Alle Menschen sind gleich, egal, wie sie aussehen, wie sie heißen, woher sie kommen und welche Sprache sie sprechen. Und trotzdem werden alle diese Gleichen nicht immer gleich behandelt.

Shanwar saß mit seinem Freund Malim im Zug auf dem Weg von Würzburg nach Frankfurt, gemütlich zurückgelehnt und ein Sandwich essend. Plötzlich kamen zwei Polizisten, blieben bei ihnen stehen und fragten nach ihren Ausweisen. Shanwar sah sie durch seine runden Brillengläser erstaunt an. Warum? «Personenkontrolle. Artikel 23 Bundespolizeigesetz. Sie müssen sich jederzeit ausweisen können.» – «Ja, aber warum mein Freund und ich, warum nicht all die anderen hier im Abteil?» Die Polizisten wurden ungeduldig: «Wir sind nicht gekommen, um zu diskutieren, sondern um Ihre Ausweise

zu kontrollieren. Haben Sie verstanden?» Shanwar und Malim reichten den Beamten ihre Pässe. Diese blätterten kurz darin, reichten sie zurück und gingen weiter. In den nächsten Großraumwagen. Außer Shanwar und Malim wurde niemand kontrolliert.

Es hat nicht weh getan. Es war nur ein Augenblick. Und dennoch ärgerten Shanwar und Malim sich über diese Ungleichbehandlung. Sie ärgerten sich so sehr, dass sie die Gerichte anriefen. Diskriminierend sei das, abwertend. Die Gerichte sahen das erst anders. Den Pass vorzeigen? Allgemeine Bürgerpflicht! In jedem Hotel wird der Pass verlangt, am Flughafen, bei der Bank, da sei doch nichts dabei. Und doch. Es ist etwas anderes, wenn alle ihre Pässe vorzeigen müssen oder nur wenige Einzelne. Es ist der Unterschied zwischen Dazugehören und Nicht-Dazugehören.

Es war ein langer Weg durch die Justiz. Aber am Ende bekamen Shanwar und Malim Recht. Gleich ist gleich.

Aber auch der beste Wille und das beste Recht werden es in Zukunft schwer haben, Ungleichbehandlungen auszuschließen. In der Welt der Künstlichen Intelligenz wird alles gezählt und erfasst werden, spitze Nasen ebenso wie breite Nasen, grüne Augen ebenso wie schwarze Augen, dunkle Haut ebenso wie helle Haut. Computer werden diese Daten speichern, mit anderen Daten verbinden und bestimmte Gruppen von Menschen identifizieren. Die Computer wissen dann, dass Menschen mit schwarzen Haaren häufiger Krebs bekommen, Menschen mit spitzen Nasen häufiger stehlen und Menschen mit dem Namen Esmiralda überhaupt nie tun, was sie sollen. Sie werden scheinbar ganz neutral und objektiv sagen, wer kontrolliert werden soll und wer nicht. Computer kennen kein Recht und keine Gleichbehandlung.

Die Menschen müssen lernen, den Computern zu widersprechen, auch dann, wenn die Computer alles besser zu wissen scheinen und die Statistik auf ihrer Seite haben.

# DIE ALLZU SCHNELLE LÄUFERIN

Sie kam immer als Erste ins Ziel. In den Jubel mischte sich bald Neid. Dass Atlanta größer war als alle anderen Läuferinnen, dass sie längere Beine und Schuhgröße 46 hatte, führte noch nicht zum Getuschel. Aber sie hatte auch eine Stimme wie ein Mann, tief und sonor. Auf den Wangen wuchsen ihr Barthaare. Ihre Schultern waren breit, ihre Hüften schmal. Atlanta sah aus wie ein Mann. Für alle, die gegen sie antraten und verloren, war sie ein Mann, und gegen einen Mann konnten die Frauen nicht gewinnen, egal, wo das Kreuzchen im Geburtsregister eingetragen worden war. Alle Läuferinnen waren der Meinung, Atlanta raube ihnen den Sieg.

So gleich Frauen und Männer rechtlich auch sein mögen, Männer springen höher, laufen schneller, treten den Ball mit mehr Wucht aufs

Tor. Niemand fordert einen gemeinsamen Wettkampf für alle, da die Frauen zurückbleiben und verlieren würden. Selbst wenn die schnellen Frauen schneller als die langsamen Männer laufen, werden doch die Weltrekorde in verschiedenen Tabellen geführt. Beim Marathon kommt die schnellste Frau dreizehn Minuten und sechsundvierzig Sekunden nach dem schnellsten Mann ins Ziel.

In den allermeisten Fällen stellt sich die Frage nicht, wer ein Mann und wer eine Frau ist. Aber die Natur kennt nicht nur Regeln, sondern auch Ausnahmen. Atlanta gilt biologisch als «intergeschlechtlich», also irgendwie zwischen Mann und Frau. Wie lässt sich in solchen Fällen für den Sport definieren, was Frauen sind und was Männer?

Die allzu schnelle Läuferin bekam ein Startverbot, wurde ausgeschlossen. Nur wenn sie Pillen schlucken würde, um weniger Testosteron – männliche Sexualhormone – zu haben, dürfte sie wieder mitlaufen. Sie hatte Angst davor, wollte ihrem Körper die Chemie nicht zumuten.

Also klagte sie gegen diese Diskriminierung vor dem Europäischen Gerichtshof für Menschenrechte. Die Richterinnen und Richter waren unentschieden. Die einen gaben der allzu schnellen Läuferin Recht, die anderen dem Leichtathletik-Weltverband und den vielen Läuferinnen, die beklagten, ihnen würde die Chance auf den Sieg genommen. Vier Stimmen ja, für Atlanta, drei Stimmen nein, gegen sie. Auch wenn die Mehrheit entscheidet, war es ein wenig überzeugendes Ergebnis.

Der Leichtathletik-Verband wollte nicht auf das unentschlossene Gericht hören. Was heißt schon Diskriminierung? Sicherlich sei Gleiches gleich zu behandeln. Aber für Ungleiches gelte das eben nicht.

So darf Atlanta nicht mehr an den Start gehen. Sie ist zu schnell und zu anders. Fairness gibt es entweder für die eine oder für die anderen. Beides geht nicht.

6.

# SCHUTZ VON FAMILIE UND PRIVATLEBEN

# DAS FALSCHE KIND

Donatina Parillo und Armando Capelli reisten nach Moskau mit einem Koffer voller Babywäsche. Sie kamen zurück mit einem Kind. Sie liebten ihren Filippino. Jahrelang hatten sie auf ein Kind gewartet, hatten auch – vergeblich – versucht, durch künstliche Befruchtung ein Kind zu bekommen, und dann, als das nicht klappte, ein Kind zu adoptieren. Aber auch dabei bekamen sie nur ablehnende Bescheide. Sie seien zu alt, meinten die Behörden. So entschieden sie sich für das «Russland-Projekt». Denn in Russland war erlaubt, was in Italien unmöglich war: Leihmutterschaft.

Zu einer ersten Reise nach Moskau brach Donatina allein auf, noch ohne Babywäsche, aber mit den gekühlten Spermien ihres Mannes in einem Schächtelchen. Eine Eizelle sollte eine fremde Frau aus Russland spenden. Die Klinik hatte dafür ein All-Inclusive-Angebot gemacht.

Die Leihmutter hieß Natascha. Donatina traf sie nicht bei ihrem Besuch. Aber Donatina und Armando schrieben ihr jeden Monat einen Brief, baten sie um Fotos ihres Bauches und fragten, ob der Herzschlag ihres Filippino schon zu hören sei. Eine Antwort bekamen sie nie. Natascha rief nur die Überweisungen ab, die regelmäßig auf ihrem Konto eingingen, ebenso wie die Ärzte und das Krankenhaus.

Als das Kind geboren war, reisten Donatina und Armando, nun gemeinsam, nach Moskau, füllten unzählige Formulare auf Russisch, Englisch und Italienisch aus, standen in der italienischen Botschaft tagelang in der Schlange, um den richtigen Stempel auf dem richtigen Papier zu bekommen und das Kind als ihr eigenes mit zurück nach Italien nehmen zu können.

Doch als Donatina und Armando mit dem kleinen Filippino in Mailand landeten, wartete die Polizei schon auf sie. Man wollte nicht glauben, dass die Papiere echt waren. Ein Gentest wurde angeordnet. Und siehe da – das Kind war weder mit Donatina noch mit Armando verwandt, die Spermien waren im Krankenhaus verwechselt worden. Zwar durfte die Familie dennoch nach Italien einreisen und Filippino kam in das schön vorbereitete Kinderzimmer und schlief im Kinderbettchen mit Baldachin. Aber der Staatsanwalt schrieb sofort böse Briefe. Leihmutterschaft war in Italien verboten, das Verbot durfte nicht umgangen werden. Aus der Sicht des Staatsanwalts ging es um Betrug. Donatina und Armando hatten Angst, zum Briefkasten zu gehen und weitere Schreiben von der Staatsanwaltschaft zu bekommen. Sie schlossen sich mit ihrem kleinen Jungen ab von der Welt.

Aber es half nichts. Alles kam heraus, der Vertrag, die Überweisungen, die Leihmutterschaft, die Eizellspende, die Verwechslung der Spermien. Filippino war ein fremdes Kind für Donatina und Armando. Wer der Vater war, wusste niemand. Natascha schwieg. Das Krankenhaus fand die Akten nicht mehr, weder über die Eizellspende noch über die Samenspende hatte sie Buch geführt.

Ein Dreivierteljahr durften Donatina und Armando ihren Filippino noch behalten. Er fing an zu brabbeln und zu krabbeln, sie waren Mama und Papa für ihn. Aber eines Tages wurde er abgeholt und in ein Kinderheim gebracht. Als Findelkind, so, als wäre er auf der Straße gefunden worden.

Donatina und Armando klagten dagegen durch alle Gerichtsinstanzen bis vor dem Europäischen Gerichtshof für Menschenrechte. Sie waren der Meinung, Filippino müsse ein Recht darauf haben, diejenigen als Mama und Papa zu behalten, die für ihn Mama und Papa

waren. Aber die Klage wurde abgewiesen. Die Rechte von Filippino durften Donatina und Armando nicht einmal geltend machen, weil kein rechtliches Band zwischen ihnen bestand; sie hatten kein Vertretungsrecht. Und das Recht, Eltern zu sein, gestand ihnen niemand zu. Filippino war nicht ihr Kind, sondern ein Kind, das in einem fremden Land von einem fremden Mann gezeugt und von einer fremden Frau geboren worden war.

Anderen erging es besser, sie durften ihre Kinder behalten, auch wenn sie nicht die leiblichen Eltern waren. Die Gesetze in Europa sind von Land zu Land unterschiedlich. Der menschenrechtliche Kompass ist noch nicht an die neuen biologischen und medizinischen Möglichkeiten angepasst.

# FANTASIE UND WIRKLICHKEIT

Saadet Baydemir war elf Jahre alt, ihr kleiner Bruder Ali neun. Sie galt als klug und quirlig und voller Ideen, er war still und hing sehr an seiner großen Schwester. Die Eltern waren aus der Türkei nach Deutschland gezogen, sie fühlten sich fremd, waren der deutschen Sprache nicht mächtig und wunderten sich oftmals über die fremden Sitten, die Bikinis, die Tattoos, die Ohren- und Nasenringe, die Bierfässchen auf Partys und die gefärbten, strubbeligen Haare der Kinder.

Es war ein ganz normaler Mittwoch, als kurz vor dem Ende des Unterrichts Saadet wie beiläufig zu ihrer Lehrerin sagte, ihre Eltern würden sie mit Stöcken schlagen. Die Lehrerin blickte sie ungläubig an. Doch, das musste sie ernst nehmen, das war alarmierend. Sie nahm Saadet an die Hand und ging mit ihr zur Schulleiterin. Auf dem Weg erkundigte sie sich nur kurz, ob Saadet Schmerzen hätte. «Ja», sagte sie. Zu dritt saßen sie im Büro der Direktorin. Saadet schlürfte Limonade und antwortete ruhig und bestimmt. Ja, das sei nicht nur gestern passiert, sondern viele Male. Wenn sie und ihr Bruder schlechte Noten nach Hause brächten oder frech seien und nicht folgten, nähme der Vater einen biegsamen Stock, eine Art Rute, und schlage sie auf die Fußsohlen. Damit die Schwellungen und Rötungen nicht zu sehr hervorträten, mussten sie die Füße dann in der Badewanne unter kaltes Wasser halten. Die Mutter würde den Hahn schon aufdrehen, sobald der Vater den Stock in die Hand nimmt.

Lehrerin und Direktorin schwiegen erst einmal eine ganze Weile. Dann telefonierten sie. Und warteten. Sie riefen Ali zu sich, den kleinen Bruder, der dieselbe Geschichte erzählte mit allen Details, mit der Rute, den Schwellungen und Rötungen, dem kalten Wasser.

Die Kinder wurden von der Schule direkt ins Kinderheim gebracht, ihre Eltern sahen sie nicht mehr. Vater und Mutter wurde mitgeteilt, dass die Kinder bis auf Weiteres nicht mehr nach Hause kämen. Dort, wo sie seien, ginge es ihnen gut.

Es vergingen Tage, Wochen, Monate, mehr als ein Jahr. Die Geschwister fühlten sich wohl im Heim, fragten nie danach, die Eltern sehen zu dürfen. Vater und Mutter schrieben Briefe in bruchstückhaftem Deutsch, beschwerten sich, klagten, engagierten Anwälte, wurden vertröstet, warteten, verzweifelten. Niemand wollte ihnen helfen, auch das Bundesverfassungsgericht nicht.

Die Akten zu dem Fall wuchsen, nach der Notunterbringung der Kinder war ein Entzug des Sorgerechts geplant. Vor Gericht sollten sich Eltern und Kinder das erste Mal wieder sehen, Saadet inzwischen zwölf, Ali zehn Jahre alt.

Kaum kamen die Eltern in den Gerichtssaal, fielen sich alle in die Arme und weinten. Saadet und Ali hatten gelogen. Alles war ausgedacht. Im Haus der Familie Baydemir gab es keinen Stock, niemanden, der je geschlagen oder kaltes Wasser in die Badewanne eingelassen hätte. Saadet und Ali hatten einen Film gesehen und daraus ihre eigene Geschichte geformt. Im Kinderheim gefiel es ihnen. Alles, was zuhause verboten war, war erlaubt: Computerspielen, Fernsehen, lange Aufbleiben. Sogar ein Kindertattoo durften sie sich aussuchen, Saadet einen Löwen für den Unterschenkel, Ali ein Krokodil für den Arm.

Alle hatten es gut gemeint. Und doch war alles schiefgegangen. Der Staat zahlte eine Entschädigung, hatte er doch das Menschenrecht auf Achtung des Familienlebens verletzt.

Wie das Leben der Familie Baydemir nach dem Wiedersehen weiterging, steht allerdings nicht mehr in den Akten.

# SORGEN EINER PRINZESSIN

In Bilderbüchern sind Prinzessinnen glücklich und schön und heiraten wunderbare Prinzen. Im wirklichen Leben ist es nicht immer so. Da suchen sie Hintertüren und halten sich Schirme vors Gesicht, um den Schwärmen von Journalisten zu entgehen, die auf der Suche nach dem ultimativen Schnappschuss und dem skandalträchtigsten Wort sind. «Prinzessin stolpert und sagt Scheiße», könnte eine schöne Schlagzeile sein. Oder: «Prinzessin feilscht auf dem Markt um den Preis der Süßkartoffeln. Muss man bei 10 000 Euro im Portemonnaie geizig sein?»

Aus den Märchenfiguren werden «Personen der Zeitgeschichte», aus Menschen, die manchmal fröhlich, manchmal traurig, manchmal müde und manchmal schlecht gelaunt sind, Ikonen, von deren Glück die «Normalen» lernen sollen. Vor allem aber werden sie Marken, mit denen man gut und viel Geld verdienen kann. Denn auch ein Foto von ihrer Majestät mit tiefgezogenem Hut und Sonnenbrille fördert die Verkaufszahlen der Hochglanzbroschüren an den Kiosken.

Caroline von Hannover, eine echte Prinzessin, forderte ein Menschenrecht, in Ruhe gelassen zu werden. Sie sandte ihre Anwälte aus, um gegen jedes Bild von ihr, gegen jeden Kommentar über sie, gegen jede Geschichte, frei erfunden oder wahr, zu klagen. Sie wollte ihr Leben aus den Illustrierten zu sich zurückholen und selbst bestimmen, wann sie für wen auf einem Foto lächeln würde und wann nicht.

Ihren Rechten stand die Neugier der Welt gegenüber. Man wollte sich über sie informieren, wissen, wie sie lebte, was sie tat. Die Richterinnen und Richter wogen ab – Informations- und Pressefreiheit gegen Privatsphäre. Aber sie wogen nicht ein für alle Mal ab, sie entschieden nicht für immer. Sie erklärten, es komme immer auf den einzelnen Fall an. Es könnte zum Beispiel um eine wichtige politische Botschaft gehen, dafür bräuchte man Foto und Text. Vielleicht ist das, was die Prinzessin sagt, aber auch nur privates Geschwätz. Daran müssen nicht alle teilhaben. Nur im Einzelfall lasse sich das entscheiden.

So bleibt alles, wie es war: Die Fotografen fotografieren, die Journalisten schreiben, die Prinzessinnen klagen, die Anwälte entwerfen Schriftsätze, und die Richter entscheiden in jedem einzelnen Fall neu. Und dann fotografieren die Fotografen wieder weiter. Und alle verdienen dabei viel Geld. Nur die Prinzessinnen nicht. Jedenfalls bleibt den Neugierigen die Lektüre erhalten.

7.

# RECHT AUF BILDUNG

# DER SATZ DES THALES

Die Pandemie dauerte lange. So lange saßen Schülerinnen und Schüler auf Sofas und Klappstühlen und mampften Chips und Pommes frites. Auf den Knien hielten sie den Computer, in der Hand das Handy zum Chatten. Die kleinen Geschwister wuselten vor ihnen auf dem Teppich und stritten sich über die Legofigürchen, die an der falschen Stelle aufgebaut waren.

Es war die zweite Schulstunde am Montagmorgen: Mathematik, der Satz des Thales. Auf dem Bildschirm war nichts zu sehen als schwarze Kacheln, in einer Kachel ein Gesicht, eine Lehrerin, geblümte Bluse, mit einem Band hochgezogene Haare, verschlafene Augen. Sie erklärte den Satz des Thales. Wenn sie innehielt und Fragen stellte, bekam sie keine Antwort. Sie war ungeduldig, rief verschiedene Namen auf. Die Antworten waren knapp und so, als kämen sie von einem anderen Stern. Mathematik? Satz des Thales?

Gibt es ein Recht darauf zu wissen, was der Satz des Thales ist? Was der Unterschied zwischen Paarhufern und Unpaarhufern ist? Und wann der Friedensvertrag von Versailles geschlossen wurde? Im Internet lässt es sich schnell in Erfahrung bringen, Wikipedia ist für alle da.

Aber Lernen ist mehr als Klicken, Lesen und Vergessen, mehr als Wikipedia. Eine Kindheit vor dem Bildschirm ist plattgedrückt. Schulstunden kann man nicht ein- und ausschalten. Geburtstagskuchen kann man nicht im virtuellen Chatroom teilen.

Die Regeln gegen die Ausbreitung des Coronavirus waren streng, gingen über die Wünsche der Kinder und Lehrer hinweg. Dem Virus war es egal, ob Kinder in die Schule gehen wollten oder nicht. Es funkte immer dazwischen. Schon am ersten Tag nach der Wiedereröffnung der Schule tauchte es wieder auf. Zwei Fälle, und wieder alle in Quarantäne, zuhause. Ein neuer Versuch, weit geöffnete Fenster, Desinfektionsmittel überall. Wieder zwei Fälle. Es nahm kein Ende.

Manche hat es gefreut, am Anfang wenigstens, denn zur Schule zu gehen ist anstrengend. Aber bald fehlten die Freundinnen und Freunde, das Gerangel auf dem Schulhof, die Schultasche mit Atlas, Trinkflasche und Pausenbrot. Langeweile in der Schule fühlt sich besser an als Langeweile allein zuhause.

Die Kinder wuchsen auch während der Pandemie, die Zehnjährigen wurde elf, die Vierzehnjährigen fünfzehn. Aber in ihrer Kindheit klaffte ein Loch. Die Kacheln konnten es nicht stopfen. Und sonst auch nichts. Auch nicht das Recht. Zwar gibt es ein Recht auf schulische Bildung, das mehr bedeuten sollte als das Recht, allein vor dem Computer zu sitzen. Aber es gibt auch ein Recht auf Gesundheit. Und das wog mehr.

# EIN SATZ ÜBER DIE LIEBE

Auf Seite acht des Schulbuches stand der Satz, der in Antanas Wintemutes Jugend in keinem Schulbuch und überhaupt in keinem Buch gestanden hatte und den er auch jetzt, da er selbst Vater war, nirgendwo lesen wollte: «Männer lieben Frauen, Frauen lieben Männer, Männer lieben Männer, Frauen lieben Frauen, und alles ist gut.» Das konnte nicht sein, das war gegen die Moral! Wie konnten diese frechen, arroganten Besserwisser des 21. Jahrhunderts in Frage stellen, was seit Tausenden von Jahren eine Gewissheit war? Liebte der griechische Gott Zeus vielleicht Männer? Nein, es waren die Schönen dieser Welt, für die er sich begeisterte und mit denen er Kinder zeugte. Konnte der mittelalterliche Minnegesang eines Mannes einem anderen Mann gelten? Könnten Romeo und Julia zwei Frauen sein? War nicht in der Bibel, im Koran und in der jüdischen Thora geregelt, wer wen lieben durfte?

Über so viel Missachtung von Tradition, Religion und Kultur konnte Antanas nur staunen – und sich ärgern. So klagte er, zog vor Gericht. Sein Sohn Martens sollte nie mit einem Schulbuch lernen müssen, das die Menschen neu erfand. Für ihn sollte es Liebe, Ehe und Familie nur mit Mann und Frau geben.

Die Richterinnen und Richter des Amtsgerichts in der Stadt Vilnius, der Hauptstadt Litauens, sahen das genauso. Mochten alle denken und sagen und tun, was sie wollten, aber die Kinder galt es zu schützen. Sie sollten nicht alles von dieser verrückten Welt wissen.

Auch in der nächsten Instanz, bei einem höheren Gericht, teilten die Richterinnen und Richter die Meinung von Antanas: Kinder muss man schützen, wenigstens sie. Mochten die Erwachsenen noch so abgedreht sein und lieben, wen sie wollen, aber die Kinder sollten von solchen Möglichkeiten nicht beunruhigt werden.

Schließlich gab auch das litauische Verfassungsgericht Antanas Recht. Meinungsfreiheit und Pressefreiheit waren zwar wichtig, aber hier ging es um die Erziehung und die Moral, zumindest die Moral, die sie für die einzig richtige hielten, und sie wog für sie schwerer als das Recht auf Bildung und freie Meinungsäußerung. Sie verboten das Schulbuch.

Aber Neringa Macatė, die Autorin des Buches, sah das nicht ein. Die Welt war, wie sie war, vor den Kindern durfte man sie nicht geheim halten. Warum sollten sie mit halben Wahrheiten leben, warum erst als Erwachsene die Augen aufmachen dürfen, um zu verstehen, was sie umgab? Nun klagte sie.

Die Richterinnen und Richter der ersten Instanz gaben ihr nicht Recht. Sie sollte ihre Wahrheiten von der Liebe für sich behalten. Die moralische Wahrheit war für sie eine andere. Auch die Richterinnen und Richter der nächsten Instanz sahen das so. Und auch das litauische Verfassungsgericht gab Neringa nicht Recht.

Neringa brachte den Fall vor den Europäischen Gerichtshof für Menschenrechte, der nun schwierige Fragen entscheiden musste: Wer darf wissen, welche Formen von Liebe und Sexualität es gibt? Müssen Kinder vor diesem Wissen geschützt werden? Und wo fängt die Bevormundung an?

Die europäischen Richterinnen und Richter blätterten in ihren alten Akten und fanden heraus, dass Kolleginnen und Kollegen zu einer ähnlichen Frage schon einmal entschieden hatten, vor einem halben Jahrhundert in einem Fall gegen England. Damals ging es um ein Buch über Aufklärung und Sex, das unerhörte «Kleine rote Buch».

Alles, was sonst in Schmuddelheften zu finden war, wurde hier lehrbuchartig in zwanzig Lektionen erklärt: wie man Drogen nimmt, wie man sich selbst befriedigt. Nicht nur die Schüler, auch die Lehrer bekamen rote Köpfe, wenn sie es lasen.

Damals hatte der Gerichtshof einen schönen Satz in sein Urteil geschrieben, den er seither gerne wiederholt hat: «Harmlose Meinungen muss man nicht schützen. Meinungen müssen schockieren dürfen.» Aber trotz des schönen Satzes hatte er entschieden, dass das «Kleine rote Buch» nichts war für Kinder. Es durfte eingestampft werden.

War der Fall aus Litauen in derselben Weise zu entscheiden? Nein! Es ging nicht um Inhalte, die man schmuddelig und obszön finden konnte, sondern um Männer, die Frauen lieben, Frauen, die Männer lieben, Männer, die Männer lieben, und Frauen, die Frauen lieben, und darum, dass alle diese Formen der Liebe gut sind. Ist das eine Wahrheit, vor der man Kinder schützen muss?

Nein! Das Leben ist, wie es ist. Und Kinder dürfen lernen, wie es ist. Da waren sich alle europäischen Richterinnen und Richter einig.

Aber wie wäre es, wenn es um Hass ginge? Männer hassen Frauen, Frauen hassen Männer, Männer hassen Männer, Frauen hassen Frauen, und alles ist schlecht. Das stand nicht in dem Schulbuch. Zum Glück. Vielleicht wäre es gut, ein Buch mit so einem Inhalt zu verbieten. Aber darüber hat noch kein Gericht entschieden.

8.

# SCHUTZ DER UMWELT

# GESTANK UND LÄRM

In den Großstädten ist man viel gewohnt. Es stinkt und kracht. Wer das Pech hat, an einer großen Straße zu wohnen, schläft abends beim Knattern der Motorräder ein und wacht morgens beim Dröhnen der Lastwagen auf. Und auch im Himmel ist keine Ruhe, die Flugzeuge landen von früh bis spät, ziehen lange Schleifen, bis sie auf der Rollbahn aufsetzen.

Gibt es ein Recht auf Stille? Auf frische Morgenluft und Blick in den nächtlichen Sternenhimmel?

In Spanien erinnerte sich Gregoria Lopez Ostra an das «Recht auf Achtung ihres Privat- und Familienlebens und ihrer Wohnung», als in nächster Nähe zu ihrem Haus, wenige Hundert Meter vom Stadtzentrum von Lorca entfernt, ohne gültige Genehmigung eine Fellgerberei gebaut und in Betrieb genommen wurde. Der Gestank war so scharf und ätzend, dass er nicht nur in Mund und Nase hängenblieb, sondern auch in die Haut eindrang. Das rostigrote Abwasser wurde durch die Stadt geleitet.

Gregoria Lopez Ostra wurde krank und viele ihrer Nachbarn ebenfalls. Sie protestierten und erreichten, dass ein Teil des Werks geschlossen wurde, aber in den anderen Teilen stank es weiter. Damit wollte sich Gregoria nicht abfinden. Sie hatte nicht viel Hoffnung auf Erfolg, aber sie klagte vor Gericht gegen das, was sie als unerträgliche Zumutung empfand. Als das erste Gericht der Gerberei Recht gab, wandte sie sich an ein höheres Gericht, das genauso entschied, und

schließlich ging sie vor das spanische Verfassungsgericht. Aber auch hier hieß es: Sie könne ja umziehen! Sie müsse nicht neben einer Gerberei wohnen. Sie müsse auch nicht in einer Stadt wie Lorca leben, die für ihre Lederindustrie bekannt sei. Ohne Gestank und Dreck ließe sich kein Geld verdienen. Und überhaupt: Ein bisschen krank seien doch alle, ihr Leben sei nicht in Gefahr. Die Öko-Bewegungen hatten zu der Zeit noch nicht so richtig Fahrt aufgenommen. Das Recht schwieg, wenn es um die Umwelt ging.

Aber Gregoria gab nicht auf. Sie wandte sich an den Europäischen Gerichtshof für Menschenrechte und erreichte, dass zum ersten Mal in der Geschichte Gestank als Menschenrechtsverletzung anerkannt wurde.

Sie bekam vier Millionen Pesetas Schadensersatz zugesprochen. Das klingt nach viel, ist aber nur etwa 25 000 Euro.
Das bedeutet allerdings nicht, dass es jetzt andere mit ihren Klagen leichter haben. Als die Nachbarn des Londoner Flughafens Heathrow gegen den Lärm der Flugzeuge klagten, wurden sie abgewiesen: Das sei auszuhalten!

Die Richter und Richterinnen müssen in jedem einzelnen Fall entscheiden, was gerade noch geht und was nicht mehr. Wo liegt die Grenze? Und wie soll man mit den Übeln der Zivilisation umgehen, den Mülldeponien, Verbrennungsanlagen, Chemiewerken und Autobahnen? Man kann sie nicht einfach abschaffen, und trotzdem haben die Anwohner ein «Recht auf Achtung ihres Privat- und Familienlebens und ihrer Wohnung».

zum ersten Mal in der Geschichte wurde Gestank
als Menschenrechtsverletzung anerkannt.

# DAS SCHLECHTE WETTER UND DIE HÖHERE GEWALT

Gutes Wetter ist für jeden etwas anderes. Für die meisten ist es ein strahlend blauer Himmel, ein sonniger Tag. Landwirte dagegen freuen sich, wenn es tagelang nieselt, insbesondere im Frühjahr. Einig sind sich alle nur bei der Angst vor glutheißer Hitze, Stürmen und Regenfluten, denn Katastrophen mag niemand.

Ein Recht auf gutes Wetter kann es nicht geben, wohl aber ein Recht auf Leben, auf Überleben. Das wird bei über 50 Grad im Schatten schwierig. Und darum streitet auch niemand ab, dass die Erde erhalten werden muss und durch den Klimawandel nicht unbewohnbar werden darf. Die Ausbreitung der Wüsten, das Schmelzen der Gletscher, der Untergang von Inseln ist bedrohlich. Es gilt, einem riesengroßen Rad in die Speichen zu fallen und noch zu bremsen, was schon rollt.

Eine Gruppe von sechs Kindern und Jugendlichen aus Portugal hat sich entschlossen, die Sache selbst in die Hand zu nehmen. Wenn die Erwachsenen mit ihren Konferenzen, Workshops, Vorträgen und Abkommen nicht mehr erreichen, als sorgenvoll nachzudenken und wirkungslose Gesetze zu schreiben, muss die Jugend zeigen, wie es geht. Die sechs hatten in ihrer Heimat einen heißen Sommer mit Bränden erlebt, der ihnen Angst machte. So klagten sie vor dem Europäischen Gerichtshof für Menschenrechte auf ihre Zukunft. Schuldig waren für sie 32 europäische Staaten. Das Gericht sollte ihren Regierungen vorschreiben, mehr gegen den Klimawandel zu tun.

Die Richter und Richterinnen wiesen die Klage ab. Die Jugendlichen hätten erst ihren Heimatstaat Portugal verklagen müssen. Die Türen des Straßburger Gerichts würden erst in dem Augenblick aufgehen, in dem sich die Türen der eigenen Gerichte schlössen, weil sie

keine Abhilfe schaffen könnten oder wollten. Das müsse man erst ausprobieren, so viel Geduld müsse sein, selbst bei den drängenden Fragen des Klimawandels.

Nicht nur die Jungen, auch die Alten, die Klimaseniorinnen, über siebzigjährige Schweizerinnen, die ihre Gesundheit und ihr Wohlbefinden durch den Klimawandel bedroht sahen, versuchten ihr Glück vor Gericht. Sie waren – anders als die Jugendlichen – zuerst vor ihr eigenes Gericht, das Schweizer Bundesgericht, gezogen und hatten dort – erfolglos – geklagt.

Ihnen gab der Straßburger Gerichtshof Recht. Im 21. Jahrhundert müsse es ein Recht auf Klimaschutz geben. Dies habe die Schweiz verletzt, da sie keine ausreichenden Gegen- und Schutzmaßnahmen gegen die schnellen Änderungen von Natur und Umwelt ergriffen habe. Schadensersatz zahlen muss die Schweiz niemandem, nur etwas tun. Bloß was? Kann man Autos einfach verbieten? Kann man Fabriken einfach schließen? Kann man so leben wie anno dazumal, als sich Natur und Mensch noch miteinander wohlfühlten? Das Urteil ist ein Weckruf. Aber den Klimawandel wird es kaum anhalten können. Die großen Stürme werden weiter zunehmen und die Meere und die Luft nicht sauberer werden. Es gibt ein Recht auf Überleben. Aber es gibt niemanden, der es garantieren kann.

9.

# PHILOSOPHIE DER MENSCHEN-RECHTE

# DIE EIGENEN RECHTE UND DIE DER ANDEREN

Hätte man die Menschenrechte rechtzeitig entdeckt, hätte der Philosoph Sokrates keinen Giftbecher trinken müssen, und Galileo Galilei wäre nicht gezwungen worden, seine Erkenntnis abzustreiten, dass die Erde um die Sonne kreist. Beide wären vom Recht auf Meinungsfreiheit geschützt gewesen. Jesus Christus wäre nicht ans Kreuz genagelt worden, sondern wäre in einem fairen Prozess wegen Anstiftung zum Aufruhr entweder freigesprochen oder zu einer langjährigen Haftstrafe verurteilt worden. Katholiken und Protestanten hätten keine jahrzehntelangen blutigen Kriege geführt, sondern sich entspannt: Jeder hat das Recht, nach seiner eigenen religiösen Überzeugung zu leben. Die Geschichte wäre eine andere gewesen.

Aber auch nachdem die Menschenrechte in alle Verfassungen der Welt Eingang gefunden haben, gibt es Ungerechtigkeit und Leid in der Welt. Das liegt daran, dass Staaten, ebenso wie Menschen, ihre guten Vorsätze nur selten einhalten und oft das Gegenteil von dem tun, was sie versprechen. Vor allem aber ist man sich über Menschenrechte immer nur einig, wenn sie sehr allgemein bestimmt werden.

So heißt es: «Jeder Mensch hat das Recht auf Gedanken-, Gewissens- und Religionsfreiheit.» Das klingt wie eine Selbstverständlichkeit. Aber gilt es auch in allen Situationen und ohne Einschränkung?

Sam Goffin hatte für sich eine eigene Religion erfunden. Er

glaubte daran, dass der Mensch nackt durch die Welt gehen müsse, da er nackt geboren wurde. So wie andere Menschen Christen, Juden oder Muslime sind, war er Anhänger der Nacktheitsreligion. In eine Hose zu schlüpfen oder ein Hemd überzuziehen wäre für ihn die größte Sünde gewesen. So wanderte er durch England, mit Rucksack und Bart, aber ohne Kleider.

In England gilt Humor als lebenswichtige Eigenschaft. Und zu Beginn amüsierte man sich auch über Sam Goffin. Aber wenn er in einem Dorf nackt eine Bäckerei betrat oder an einer Schule vorbeiging, erschraken die Leute, die Kinder versteckten sich. Man redete ihm gut zu, man schickte ihn weg, aber er wollte nicht hören. Es war ja seine Religion, ihr konnte er nicht abschwören. Polizei und Gerichte wurden ungeduldiger, die Strafen empfindlicher. Erst legte man ihm kleine, dann große Geldbußen auf. Nichts half, er kam auch splitternackt zu den Gerichtsverhandlungen. Irgendwann sperrte man ihn ein. Er weigerte sich sogar im Gefängnis, Kleider anzuziehen. Kam er wieder frei, wanderte er weiter nackt durch die Lande.

Sam Goffin machte seine Menschenrechte geltend, aber niemand gab ihm Recht. Auch die Religionsfreiheit sei nicht ohne Grenzen, erklärte man ihm. Sie könne eingeschränkt werden, wenn dies notwendig sei für die öffentliche Sicherheit, zum Schutz der öffentlichen Ordnung, Gesundheit oder Moral oder zum Schutz der Rechte und Freiheiten anderer. Sam Goffin durfte nicht, was er wollte. Denn nicht nur er hatte Menschenrechte, die anderen auch.

# GERECHTIGKEIT FÜR TERRORISTEN?

Wer im Mittelalter schwere Straftaten beging, etwa einen Menschen tötete, konnte nur selten mit Gnade und Mitleid rechnen. Der schnelle Tod am Galgen reichte als Strafe nicht. Selbst «Rädern und Vierteilen» schien noch zu milde, wenn der Verurteilte nicht vorher in der Folterkammer misshandelt wurde. Wer nicht getötet wurde, war «verdammt in alle Ewigkeit», «geächtet und vogelfrei». Er hatte keine Rechte mehr. Jeder konnte mit ihm machen, was er wollte.

Heute ist das anders. Die Terroristen Ramzi Mohammed und Yassin Omar hatten hochbezahlte Anwälte, die sich für sie einsetzten. Die beiden waren kurz nach einem verheerenden Terroranschlag auf die Londoner U-Bahn beim Zündeln mit Bomben in öffentlichen Verkehrsmitteln erwischt worden. Es war klar, dass sie erneut einen Anschlag verüben wollten. Nach ihrer Verurteilung zu einer Haftstrafe klagten sie vor dem Europäischen Gerichtshof für Menschenrechte, weil der Prozess gegen sie nicht fair gewesen sei. Man habe sie nicht ausreichend über ihre Rechte aufgeklärt. Der Gerichtshof aber urteilte, dass die Behörden in England richtig gehandelt hatten: Nur so konnten sie weitere Gefahren abwehren.

Der Freund von Ramzi Mohammed und Yassin Omar aber war nicht mit ihnen zusammen, sondern nur in der Nähe gewesen. Ihn hatte die Polizei nur als Zeugen befragt. Bei seinen Aussagen verstrickte er sich in Widersprüche, sodass die Polizei erkannte, dass er auch selbst an der Planung des Anschlags beteiligt gewesen war. Dennoch warnte die Polizei ihn nicht, dass seine Aussagen ihn selbst ins Gefängnis bringen konnten. Dies hielt der Gerichtshof für falsch. In der strafrechtlichen Verurteilung, die auf diesen Aussagen beruhte, sahen sie eine Verletzung des Rechts auf ein faires Verfahren.

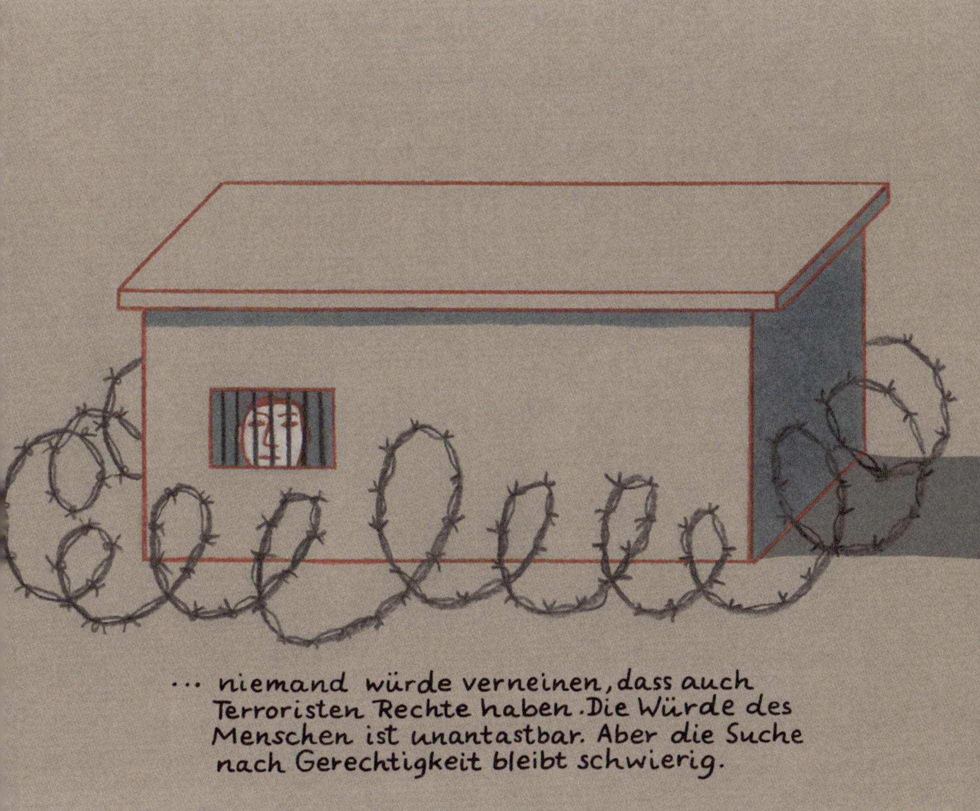


Ein anderer Terrorist, Anders Breivik, hatte in Norwegen 77 junge Menschen erschossen und ein ganzes Land in Angst und Schrecken versetzt. Er beklagte sich vor Gericht darüber, seine Unterbringung im Gefängnis sei unmenschlich, da er keinen Internetzugang habe und sich mit niemandem treffen könne. Das war sicherlich hart. Die norwegischen Gerichte gaben ihm teilweise Recht. Aber als er auch mit ihrer Entscheidung nicht zufrieden war und am Europäischen Gerichtshof für Menschenrechte weitere Menschenrechtsforderungen stellte, wurde seine Beschwerde abgewiesen, da die Richterinnen und Richter in der Art, wie der Staat Norwegen ihn behandelte, keine Unmenschlichkeit erkennen konnten. Eric Alboreo, ein Mörder, war lange Zeit einer der meistgesuchten Schwerverbrecher Europas. Nachdem man ihn gefasst und eingesperrt hatte, landeten seine Freunde mit einem Hubschrauber auf dem Gefängnisdach und befreiten ihn. Ein paar Wochen später wurde er erneut gefasst. Man beschloss nun, ihn als wandernden Gefangenen von Gefängniszelle zu Gefängniszelle zu verlegen und ihn von den anderen zu isolieren. Auch er beauftragte Anwälte, um seine Rechte vor dem Europäischen Gerichtshof für Menschenrechte durchzusetzen. Aber auch hier fanden die Richterinnen und Richter die strengen Haftbedingungen gerechtfertigt. Auch der Staat muss sich wehren dürfen.

Bei Ausweisungen machen Terroristen geltend, in den Ländern, in die sie gebracht werden sollen, drohe ihnen unmenschliche Behandlung und Folter, vielleicht sogar die Todesstrafe. Sie wollen bleiben, wo sie sind. Sie wehren sich auch dagegen, dass ihnen die Staatsangehörigkeit entzogen wird. So, als wollten sie noch zu der Gesellschaft dazugehören, die sie doch mit ihrem Terror bekämpft hatten.

Sie alle beschäftigen die Gerichte. Niemand würde verneinen, dass sie Rechte haben. Die Würde des Menschen ist unantastbar. Aber die Suche nach der Gerechtigkeit bleibt schwierig, ist sie doch einseitig. Den Opfern kann man nicht mehr helfen.

# RECHTE UND PFLICHTEN

Wer Rechte hat, kann fordern. Wer fordern kann, kann vor Gericht ziehen. Das Gericht schlägt die passenden Paragrafen nach, sucht frühere ähnliche Fälle zum Vergleich heraus und prüft, wie eine Regel in dieser bestimmten Situation zu verstehen ist. Wer Recht hat, muss auch Recht bekommen. Aber wer immer nur Rechte fordert, wird einsam. Man gibt ihm, was ihm zusteht, aber kein bisschen mehr.

Als die Vereinten Nationen die Allgemeine Erklärung der Menschenrechte vorbereiteten, wurde Mahatma Gandhi, der hagere Inder mit den runden Brillengläsern, 1947 gefragt, was er von einer solchen Erklärung halte. Gandhi war gerade auf dem Höhepunkt seines gewaltlosen Unabhängigkeitskampfes gegen die britische Kolonialherrschaft in Indien. Er setzte sich dafür ein, dass in Indien alle Menschen, egal welcher Kaste sie angehören, gleich behandelt werden. Gerade von ihm erwartete man, dass er die Notwendigkeit von Menschenrechten mit gelehrten Worten und mit viel indischer Weisheit begründen könnte.

Aus Sicht der Vereinten Nationen muss Gandhis Antwort sehr enttäuschend ausgefallen sein: Er sei kein Gelehrter, fing er entschuldigend an. Er habe bei all den Kämpfen, die er führe, keine Zeit zum Lesen. Bei der Frage nach den Menschenrechten müsse er vor allem an seine Mutter denken: Sie habe nicht lesen und schreiben können, sei aber eine weise Frau gewesen. Für sie seien Rechte nichts wert gewesen, wenn sie nicht auch mit Pflichten verbunden seien. Wer nicht zuerst etwas für die anderen tun wolle, der könne auch nichts fordern.

Im alten China hat man ein Schriftzeichen erfunden, das einen Menschen abbildet, und dem zwei Strichlein hinzufügt: «Mensch und zwei». Menschen sind nicht allein auf der Welt, sie sind auf ihr Gegenüber bezogen. Die beiden Strichlein sind Verbindungslinien. Aus vielen Strichlein entsteht ein Netz. Im Netz kann man gefangen sein. Dann braucht man Freiheit. Ohne Netz hat man Freiheit und kann doch ins Bodenlose fallen.

Menschenrechte sind ein Gerüst für die großen Baustellen der Gesellschaft. Ohne sie geht es nicht, sie sorgen dafür, dass niemand stürzt. Aber mit einem Gerüst allein wird kein Bau fertig.

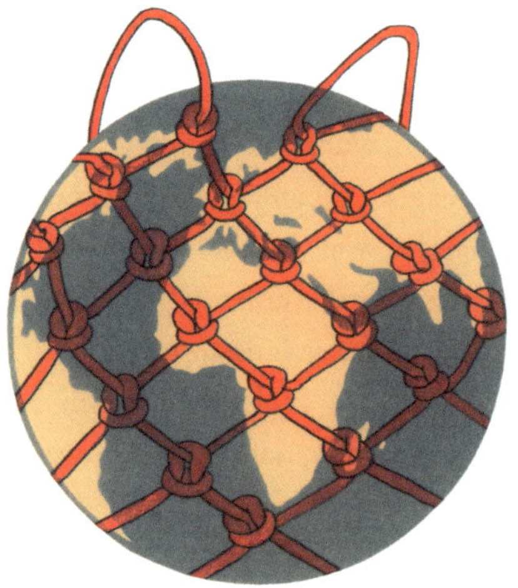

10.

# GESCHICHTE DER MENSCHENRECHTE

# FREI UND GLEICH?

Es war ein weiter Weg der Menschheit zu der einfachen Feststellung: «Alle Menschen sind frei und gleich an Würde und Rechten geboren. Sie sind mit Vernunft und Gewissen begabt und sollen einander im Geiste der Brüderlichkeit begegnen.»

Schon während des Zweiten Weltkriegs entstand die Idee, dass eine gerechte und friedliche neue Weltordnung nötig ist, in der alle Menschen in allen Ländern ein Leben frei von Not und Verfolgung führen können und grundlegende Rechte anerkannt werden. Bald nach dem Krieg, 1945, wurde zu diesem Zweck eine neue Organisation gegründet, in der möglichst alle Länder Mitglied sein sollten: die Vereinten Nationen. Dort machte man sich gleich daran, eine «Allgemeine Erklärung der Menschenrechte» zu verfassen. Geplant war zunächst auch, dass alle einen Vertrag dazu unterschreiben und die Vereinten Nationen gegen Vertragsverletzungen vorgehen, aber darauf konnte man sich nicht einigen. So blieb es bei der Erklärung.

Man arbeitete daran drei Jahre lang, traf sich, mal in New York, mal in Paris, kam mit immer neuen Textentwürfen zu den Sitzungen, versuchte Kompromisse zu finden, wann immer man sich uneins war, und das war man oft. Den meisten Delegierten war bei der Endabstimmung feierlich zumute, für sie war es eine Sternstunde der Menschheit. Manche aber enthielten sich. Sie hätten sich eine etwas andere Erklärung vorgestellt. Es gab viele Wünsche, die nicht verwirklicht wurden. Aber immerhin, am Ende sagte niemand «nein».

Allerdings hatte man auch nicht alle gefragt. Die meisten Menschen in Afrika und Asien lebten 1948 unter kolonialer Herrschaft. Sie hatten keine Stimme. Und auch diejenigen, die den Krieg verloren hatten, waren ausgeschlossen. 58 Staaten waren damals beteiligt. Heute gibt es 195 Staaten auf der Welt.

Die Rede von «Freiheit» und «Gleichheit an Würde und Rechten» war schön, aber erst einmal nichts als ein unerfüllter Traum. Und man konnte noch nicht einmal sicher sein, dass ihn alle, die bei den Verhandlungen mit am Tisch saßen, wirklich träumten.

Verhandlungsführerin war Eleonor Roosevelt, die Gattin des ehemaligen Präsidenten der Vereinigten Staaten von Amerika, die einzige Frau in der Männerrunde. Sie vertrat ein Land, in dem schwarze Menschen hinten im Bus einsteigen mussten, während für Weiße die vorderen Plätze reserviert waren. In Stalins Sowjetunion waren zur selben Zeit Hunderttausende in Straflagern gefangen und fristeten ein erbärmliches Dasein, oftmals ohne zu wissen, wofür man sie bestrafte. In Südafrika gab es schon das Apartheidsregime, das auf der Schlechterstellung der schwarzen Bevölkerung aufbaute. Millionen von Menschen waren in der Zeit nach dem Krieg, als man an der Allgemeinen Erklärung der Menschenrechte schrieb, auf der Flucht und wanderten kreuz und quer durch Europa, die Glücklichen mit Hab und Gut, die Unglücklichen ohne. Sehr unterschiedliches Leid verbarg sich hinter den beiden Buchstaben DP – Displaced Persons, Menschen, die ihre Heimat verloren hatten, die entwurzelt waren, nirgendwo hingehörten.

Auch Thomas Bürgenthal war eine DP Er war eines der wenigen jüdischen Kinder, die aus den Konzentrationslagern Auschwitz und Sachsenhausen zurückgekommen waren. Im Alter von zwölf Jahren kam er nach dem Krieg wieder nach Göttingen. In seiner Kindheit ging es nur ums Überleben, sodass er weder Schreiben noch Lesen gelernt hatte. Sein Vater und seine Großeltern waren ermordet worden, seine

Mutter traf er in Göttingen wieder. Von dort zog er weiter in die Vereinigten Staaten von Amerika. Viele Jahre später wurde er einer der ersten Richter, der an internationalen Gerichtshöfen die Menschenrechte verteidigte. Seine Lebensgeschichte veröffentlichte er unter dem Titel «Ein Glückskind».

# KEINE FREIHEIT OHNE BROT

In der Allgemeinen Erklärung der Menschenrechte war alles enthalten: ein Recht auf Leben, ein Recht auf Freiheit, ein Recht auf Religionsfreiheit, ein Recht auf Bildung, ein Recht zu heiraten. Zwar stand da nicht: ein Recht, glücklich zu sein, aber das war gemeint. Man hätte die Allgemeine Erklärung der Menschenrechte in alle Sprachen der Welt übersetzen, in jeder Amtsstube aufhängen, jedem Schulkind zum Auswendiglernen in die Hand drücken können.

Aber die Allgemeine Erklärung war zu allgemein. Jeder wollte nun doch seine eigene Erklärung haben. Erst einmal stritt man darüber, was in der Allgemeinen Erklärung am wichtigsten war. Für die einen waren es die sozialen Rechte wie das Recht auf Gesundheit, das Recht auf Wohnraum, das Recht auf Sozialversicherung. Für die anderen waren die Freiheitsrechte bedeutsamer: das Recht, frei seine Meinung sagen zu können, frei an Versammlungen teilnehmen zu können oder frei einen Beruf wählen zu dürfen.

Da man sich nicht einigen konnte, arbeitete man an zwei großen Verträgen gleichzeitig, fast zwanzig Jahre lang. Eile schien man nicht zu haben. Als dann im Jahr 1966 beide Pakte gleichzeitig fertig waren, der Internationale Pakt über bürgerliche und politische Rechte und der Internationale Pakt über wirtschaftliche, soziale und kulturelle Rechte, überlegte man, dass beide wohl doch eine Einheit bilden sollten: «Wir wollen keine Freiheit ohne Brot, aber wir wollen auch kein

Brot ohne Freiheit!», so erklärte Nelson Mandela, der sein Leben lang in Südafrika für Freiheit und gegen Apartheid gekämpft hatte.

Aber die Staaten ließen sich noch weitere zehn Jahre Zeit, bis 1976, um die Pakte als bindend anzuerkennen, manche nur den einen, manche nur den anderen. Bis heute hält man in Amerika, wo jeder als seines eigenen Glückes Schmid gilt und sich hartnäckig der Mythos hält, jeder Tellerwäscher könne Millionär werden, nichts von sozialen Rechten und einem fürsorglichen Staat. Dagegen sieht man in China die Freiheit als etwas Gefährliches an und will sich nicht dazu verpflichten, unterschiedliche Meinungen zuzulassen. Die chinesische Unterschrift fehlt beim Internationalen Pakt über bürgerliche und politische Rechte, die amerikanische Unterschrift beim Internationalen Pakt über wirtschaftliche, soziale und kulturelle Rechte.

So werden die Pakte als «international» bezeichnet, gelten aber doch nicht überall. Der Internationale Pakt für bürgerliche und politische Rechte gilt in 173 Staaten der Welt, der Internationale Pakt für soziale, wirtschaftliche und kulturelle Rechte in 171 Staaten. Von über acht Milliarden Menschen auf der Welt sind mehr als 1,5 Milliarden in ihren politischen Rechten nicht geschützt.

Trotzdem fanden alle die Idee gut, weitere internationale Pakte auszuarbeiten. Warum nicht einen besonderen Pakt für Kinder? Einen besonderen Pakt für Frauen? Einen besonderen Pakt für Menschen mit Behinderungen? Einen besonderen Pakt für Menschen, die aufgrund ihrer Hautfarbe diskriminiert werden? Einen besonderen Pakt für Wanderarbeiter? Immer Neues fiel den Paktschreibern ein.

Rechte aufzuschreiben ist aber nur ein Anfang. «Rechte zu haben», muss etwas bedeuten. Rechte dürfen nicht nur auf dem Papier stehen.

# JEDEM KONTINENT SEINE MENSCHENRECHTE

Es war ein Wettbewerb: Wer würde die Menschenrechte als erster zu Papier bringen? Wer würde mit der Schönheit der Worte am meisten überzeugen? Die Allgemeine Erklärung der Menschenrechte war das berühmteste und am meisten gefeierte Dokument. Aber ihr war eine andere Erklärung um eine Nasenlänge vorausgegangen. Schon sieben Monate und acht Tage vor der Allgemeinen Erklärung der Menschenrechte hatten die beiden Amerikas, der Süden und der Norden, die Amerikanische Erklärung der Rechte und Pflichten des Menschen angenommen, am 2. Mai 1948 in Bogota in Kolumbien. Das war ein wenig fernab von den Zentren der Welt, aber immerhin. Die Erklärung sollte für einundzwanzig Staaten in Nord- und Südamerika gelten.

Die Europäer kamen als Dritte nach den Amerikanern und nach den Vereinten Nationen ins Ziel. Sie begannen mit der Arbeit an ihren Menschenrechten noch während an der Allgemeinen Erklärung der Menschenrechte gebastelt wurde, stritten sich aber lange über die Einzelheiten und waren erst am 4. November 1950 fertig. Als Europäer waren sie überzeugt, «vom gleichen Geist beseelt» zu sein und «ein gemeinsames Erbe an politischen Überlieferungen, Idealen, Achtung der Freiheit und der Rechtsstaatlichkeit» zu besitzen. Außerdem wollten sie, wie so oft, etwas besser sein als die anderen. So gaben sie sich nicht mit einer «Erklärung» zufrieden, sondern arbeiteten gleich einen bindenden Vertrag aus, die «Konvention zum Schutze der

Menschenrechte und Grundfreiheiten». Außerdem errichteten sie eine Kommission und einen Gerichtshof, die über die Einhaltung der Rechte wachen sollten. Die Hoffnung war, dass ein Gericht wie eine Menschenrechtsalarmanlage funktionieren würde: Es würde sich laut und warnend melden, wenn die Gefahr bestand, dass noch einmal ein europäischer Staat, wie vor dem Zweiten Weltkrieg, zu einer Diktatur und zum Unrechtsregime wird.

Gerichtshof und Kommission wurden in Straßburg in einem bescheidenen, leicht zu übersehenden Gebäude untergebracht. Aber später errichtete man ein Haus in Form eines großen Ozeandampfers mit einer Kapitänsbrücke und einem langen Schiffsrumpf mit großen Glasfenstern, durch die man das Geschehen im Gerichtshof sehen kann. Von jeder Seite sieht das Gebäude anders aus. Von oben und von vorne gleicht es zwei großen Waagschalen. Auch nach vielen Jahren wirkt es noch wie der Zukunft entsprungen. Der Menschenrechtsgerichtshof ist eine echte Sehenswürdigkeit.

Dies nun wieder inspirierte die Staaten Süd- und Nordamerikas, es den Europäern gleichzutun. Ihre schlichte Erklärung reichte ihnen nicht mehr. Auch sie wollten eine Kommission und einen Gerichtshof. Sie bekamen beides, allerdings viel kleiner und unscheinbarer als der Europäische Gerichtshof für Menschenrechte in Straßburg. Ihr weißes Gebäude in San José, Costa Rica, hatte nur ein paar Säulen am Eingang, mehr nicht. Es gab zu viele Spielverderber. Die USA und Kanada meinten, die Kunst der Rechtsprechung zu den Menschenrechten besser zu beherrschen und keine Nachhilfe vom interamerikanischen Gerichtshof in San José zu brauchen. Sie klinkten sich aus.

Aber auch Europa war nur halb. Im Osten baute man eine Mauer und schottete sich ab. Die Idee von individueller Freiheit und Selbstverwirklichung passte nicht zur kommunistischen Ideologie, die im Osten das Leben prägte. Im Kommunismus sollten alle gleich und sozial abgesichert sein, ob sie wollten oder nicht. Freiheit brauchte man daneben nicht mehr. Erst am Ende des 20. Jahrhunderts, als Deutschland wiedervereinigt war und die Länder im Osten nicht mehr kommunistisch regiert wurden, begaben sich auch Staaten wie Russland, Polen und die Ukraine unter den europäischen Menschenrechtsschutzschirm.

In Afrika beobachtete man, was andernorts aufgebaut wurde. Gerne wollte man etwas Ähnliches haben, aber nicht das Gleiche. Auf der Grundlage der Allgemeinen Erklärung der Menschenrechte arbeitete man ein eigenes Konzept aus, das auch afrikanische Traditionen und die afrikanische Geschichte berücksichtigt. So sollen nicht nur die Rechte der einzelnen Menschen geschützt werden, sondern auch die Rechte der Völker, die jahrhundertelang benachteiligt und unterdrückt worden waren. Daher erhielten auch Gemeinschaften Rechte. Neu war außerdem, dass man neben den Rechten auch die Pflichten gegenüber der Familie und der Gesellschaft festschrieb. Das afrikanische Modell wurde 1986 fertig, auch diesmal wieder mit Kommission und Gerichtshof. Es dauerte noch einmal zwanzig Jahre, bis 2006 die ersten Richterinnen und Richter gewählt wurden.

Die arabischen Staaten entwickelten ebenfalls ein eigenes Modell. Es beruht «auf dem Glauben der arabischen Nation an die Würde der menschlichen Person, die Gott seit Anbeginn der Schöpfung erhöht hat, und auf der Tatsache, dass das arabische Heimatland die Wiege von Religionen und Zivilisationen ist», wie es in der Präambel, der Einleitung, heißt. Einen Gerichtshof einzusetzen ist geplant, aber noch nicht verwirklicht.

So haben in der Gegenwart drei Kontinente – Amerika, Europa, Afrika – sowie die arabische Welt eigene Menschenrechte. In Asien und Australien und damit für die Mehrheit der Menschen auf der Welt gibt es dagegen kein gemeinsames Bekenntnis zu Menschenrechten in Form eines Vertrags. Dafür sind Länder wie Indien, China,

Japan, Vietnam oder Indonesien zu unterschiedlich. In China teilt man nicht die Ansicht, dass die Rechte des Einzelnen von großer Bedeutung seien. Der Staat ist wichtiger, er darf die Menschen überwachen und ihr Schicksal bestimmen. Auch die Todesstrafe wird noch oft vollstreckt.

«One size fits all» – darauf hatte man gehofft. Sind die Menschen gleich, könnten es ja auch ihre Rechte sein. Aber dann wollten doch einzelne Kontinente und Kulturen ihre eigene Menschenrechtsmarke haben.

# MIT DEM PINSEL DER JAHRHUNDERTE

Christoph Kolumbus ist über den Ozean gesegelt, hat Amerika entdeckt und damit neue Horizonte eröffnet. Thomas Edison hat die Glühbirne erfunden und so überall auf der Welt mit Kerzen beleuchtete dunkle Stuben in helle Wohnzimmer verwandelt. Neil Armstrong war der erste Mensch auf dem Mond.

Es gibt keinen Christoph Kolumbus, keinen Thomas Edison und keinen Neil Armstrong der Menschenrechte. Niemand hat sie entdeckt oder erfunden. Die Ideen haben sich über die Jahrhunderte angesammelt und weiterentwickelt. Viele haben darüber nachgedacht, manche ihre Ideen aufgeschrieben. Manche waren einflussreicher als andere und haben gute Formeln für die Rechte gefunden wie die Philosophen John Locke und Immanuel Kant. Aber ein bisschen war es wie beim Internet: Aus vielen einzelnen Ideen entstand ein großes Neues.

Aus dem Persischen Reich ist der Kyros-Zylinder überliefert, ein in Keilschrift geschriebenes Dokument aus dem Jahr 549 vor Christus. Darin wird erzählt, wie die Sklaven befreit wurden, wie den Menschen das Recht gewährt wurde, ihre eigene Religion zu wählen, und wie man beschloss, alle gleich zu behandeln, auch wenn sie unterschiedlichen Stämmen und Völkern angehörten und unterschiedlich aussahen.

Auch in der Bibel steht viel von Gleichheit und Freiheit. Alle Menschen sind Geschöpfe und Kinder Gottes, sie haben die Wahl,

Gutes oder Schlechtes zu tun. Aber die Bibel ist kein Buch der weltlichen Freiheit, sondern ein Buch des Glaubens. Freiheit und Gleichheit sind nicht für diese, sondern für eine andere Welt. So sieht es auch der Koran.

Die englische Magna Carta stammt aus der Zeit der Kreuzritter, aus dem Jahr 1215. Die Menschen waren unzufrieden wegen hoher Steuern und Abgaben, die sie ihrem König für seine teuren und verlustreichen Kriege entrichten mussten. Mit einem Aufstand erzwangen sie Zugeständnisse des Königs, die weit über Steuererleichterungen hinausgingen. Er sollte in Zukunft ohne Gerichtsurteil «keinen freien Mann festhalten oder verhaften oder seiner Rechte oder seines Besitzes berauben oder ins Exil schicken dürfen». Auch mehr als 800 Jahre später ist dies noch geltendes Recht in England. Aber nicht nur dort hat man festgeschrieben, dass niemandem willkürlich die Freiheit genommen werden darf.

Dann kümmerte sich über Jahrhunderte hinweg niemand um die Menschenrechte, bis irgendwann wieder nachgedacht wurde. Es wurden Texte geschrieben, die von Freiheit und Glück handelten. Warum soll man sich mit einem schlechten Leben zufriedengeben, wenn man ein gutes Leben haben kann? Warum soll man sich Fesseln anlegen lassen, wenn man auch frei sein kann? Warum sollten Menschen ungleich sein?

In der Welt des 17. und 18. Jahrhunderts, in der die Menschen nach ihrer Geburt und Herkunft in Stände eingeteilt waren und ihr Lebensweg im Schatten von Gott, Kirche und König vorgezeichnet war, musste der Aufruf, sich aus der Bevormundung zu befreien, viel bewegen. Der Philosoph Immanuel Kant sprach sogar davon, dass diese Unmündigkeit «selbstverschuldet» sei. Es gab Revolutionen und Umstürze. Staat und Gesellschaft wurden neu erfunden. Frankreich und die Vereinigten Staaten von Amerika waren Vorreiter, die anderen folgten langsam und zögernd nach. Die Ideen der Freiheit und

Gleichheit ließen sich nicht mehr kleinreden. Sie waren allgegenwärtig.

Aus den großen Ideen dieser Aufklärungszeit wurden Verfassungen und Verträge. Aber es dauerte weitere Jahrzehnte und Jahrhunderte, bis die Ideen auch nur halbwegs Wirklichkeit wurden, bis auch Sklaven, Frauen, Menschen mit dunkler Hautfarbe die gleichen Rechte bekamen. Und immer wieder gab und gibt es Rückschläge.

In der Gegenwart sind Menschenrechte in feierlichen Texten niedergelegt. Sie sind aber auch lebendig, weil Geschichten von Unrecht erzählt werden und Bilder von Unfreiheit durch die Welt gehen. Manche haben sich eingeprägt: In Russland saß der hochgewachsene Rechtsanwalt Alexei Nawalny im Gerichtssaal hinter Gitterstäben, so als wäre er ein wildes Tier. Er hatte ein Video über Korruption und Seilschaften der Kreml-Elite um Präsident Putin ins Netz gestellt, das viele Millionen Menschen angesehen hatten, und wollte selbst ein besserer Präsident werden. Bekannt ist auch das Bild des mächtigen Managers und Wirtschaftsfunktionärs Hanns Martin Schleyer: Ihm wurde von Terroristen ein Pappschild um den Hals gehängt, auf dem stand, wie lange er schon Gefangener der Terrorgruppe war. Seine Familie forderte vor dem Bundesverfassungsgericht sein Recht auf Leben ein, aber es wurde versagt. Man dürfe den Forderungen der Terroristen nicht nachgeben.

Aber nur zu wenigen Bildern von Opfern von Menschenrechtsverletzungen gibt es Namen. Öfter sind es die Massen, die leiden, die Flüchtlinge, die, in seeuntüchtige Boote eingezwängt, ihrem Schicksal ausgesetzt sind, die Kriegsopfer, die vor ihren zerstörten Häusern stehen, die Häftlinge, die in ihren Zellen neben Kakerlaken hausen.

Menschenrechte sind die Rechte der Unterdrückten und Beleidigten. Aufgeschrieben wurden sie mit dem Pinsel der Jahrhunderte. Die Geschichte ist noch nicht zu Ende.

# DER LANGE WEG DER FRAUEN

Frauen kamen in der langen Geschichte der Menschenrechte nicht vor. Allenfalls ging es darum, sie zu beschützen. Rechte erkannte man ihnen nicht zu. Für Olympe de Gouges aber waren Frauen das «an Schönheit wie an Mut, die Beschwernisse der Mutterschaft betreffend, überlegene Geschlecht». Nicht nur Männer, auch Frauen seien frei geboren. Bei der Wahrnehmung ihrer Rechte dürften sie nicht an die «von der Tyrannei des Mannes gesetzten Grenzen» stoßen.

Olympe de Gouges war eine einfache Frau, Tochter einer Wäscherin aus der französischen Provinz. Allerdings rankte sich ein Geheimnis um ihren Vater. Wahrscheinlich war es nicht der einfache Metzger, mit dem ihre Mutter verheiratet war, sondern ein Adliger, ein Marquis und Gegenspieler des Philosophen Voltaire. Olympe de Gouges wurde mit siebzehn Jahren gegen ihren Willen mit einem Gastwirt verheiratet. Wahrscheinlich hätte sie ihr ganzes Leben als Wirtin verbracht, wäre ihr Mann nicht früh gestorben. So zog sie mit ihrem kleinen Sohn zu ihrer Schwester in das revolutionär brodelnde Paris. Sie las viel, fing selbst an zu schreiben und ärgerte sich darüber, dass Frauen, die etwas zu sagen haben, nicht ernst genommen werden. Als sie ein Theaterstück über die Sklaverei in den französischen Kolonien aufführen lassen wollte, wurde sie eine Zeitlang in der Bastille, dem finsteren Staatsgefängnis, eingekerkert. Aber auch davon ließ sie sich nicht einschüchtern. Kurz nach dem Sturm auf die Bastille, mit der im Juli 1789 die

Französische Revolution begann, konnte das Stück endlich aufgeführt werden.

Die Revolutionäre veröffentlichten im August 1789 eine «Erklärung der Menschen- und Bürgerrechte», in der es nur um die Rechte von Männern ging. Olympe de Gouges brachte darum 1791 eine «Erklärung der Rechte der Frau und Bürgerin» in Umlauf. In der Einleitung schreibt sie: «Diese Revolution wird nur dann ihre Wirkung tun, wenn sich alle Frauen ihres beklagenswerten Schicksals und der Rechte, die sie in der Gesellschaft verloren haben, bewusst sein werden.» Ihr Urteil über die Männer war hart: «Absonderlich, verblendet, wissenschaftlich aufgeblasen und degeneriert will (der Mann) in diesem Jahrhundert der Aufklärung und des Scharfsinns in gröbster Unwissenheit als Despot über ein Geschlecht befehlen, das alle intellektuellen Fähigkeiten besitzt; er beabsichtigt, in den Genuss der Revolution zu kommen und seine Rechte auf Gleichheit einzufordern, um darüber hinaus nichts zu sagen.»

Olympe de Gouges wollte, dass Frauen gleichbehandelt werden, in jeder Situation. In Artikel 10 ihrer Erklärung heißt es: «Die Frau hat das Recht, das Schafott zu besteigen. Gleichermaßen muss ihr das Recht zugestanden werden, eine Rednertribüne zu besteigen.»

Unglücklicherweise war eben das ihr Schicksal: das Schafott zu besteigen. Unter der Schreckensherrschaft von Robespierre wurde sie 1793 mit dem Fallbeil hingerichtet. Sie hatte sich gegen die Diktatur gewandt, hatte die männlichen Revolutionäre mit ihrem Eintreten für die Frauen gestört. In der Haft klagte sie, dass die 1789 eingeführte Meinungsfreiheit für sie nicht galt – und für viele andere auch nicht.

Nach ihrem Tod dauerte es noch einmal mehr als hundert Jahre, bis Frauen wieder anfingen, öffentlich für ihre Rechte zu kämpfen. Diesmal nannten sie sich Suffragetten, Wahlrechtlerinnen. Sie wollten wählen können, genauso wie die Männer. Ihr Kampf war voller Opfer, viele wurden wegen ihrer Aufsässigkeit ins Gefängnis gesperrt.

Es hat sehr lange gedauert, aber irgendwann hatten die Frauen Erfolg. Dafür brauchte es allerdings noch einen ganzen Weltkrieg. Die Männer waren an der Front. Erst jetzt konnten die Frauen beweisen, dass sie mehr konnten als Deckchen sticken, Klavierspielen und in der Fabrik am Fließband stehen. Sie bewährten sich in allen Berufen. Nach dem Ersten Weltkrieg wurde den Frauen das Wahlrecht zuerkannt, nicht in allen Ländern gleichzeitig, aber immerhin, nach und nach, zuletzt in der Schweiz und in Liechtenstein.

# «UNSINN AUF STELZEN»

Dass alle Menschen gleich sein sollten, fand der britische Philosoph Jeremy Bentham «Unsinn auf Stelzen». Aus seiner Sicht kann es keine natürlichen Rechte geben; sie sind nicht mehr als ein Wunschgebilde. Mit derartigen Ideen würden nur Egoismus und Selbstsucht gefördert. Menschenrechte seien sogar gefährlich, weil sie die permanente Revolution gegen die bestehende Ordnung förderten. Von Menschenrechten zu sprechen sei, wie Großmüttern beizubringen, rohe Eier zu schlürfen.

Aber auch der Philosoph und Revolutionär Karl Marx hielt nichts von den «sogenannten Menschenrechten», wie er schrieb. Er bezog sich dabei auf die französische «Erklärung der Menschen- und Bürgerrechte» aus der Zeit der Französischen Revolution. Für ihn wurden hier nur die Rechte «des egoistischen Menschen, des vom Menschen und vom Gemeinwesen getrennten Menschen», festgeschrieben. Er fügte hinzu: «Die praktische Nutzanwendung des Menschenrechtes der Freiheit ist das Menschenrecht des *Privateigentums.*» Und das Privateigentum war für Marx die Ursache für die rücksichtslose Ausbeutung vieler Menschen durch einige wenige Firmenbesitzer, die immer reicher werden.

Kritik an den Menschenrechten stammt nicht nur aus vergangenen Zeiten. Für die chinesische Regierung sind die Menschenrechte ein politisches Instrument, mit dem die Staaten Europas und die USA einfach nur Macht ausüben und ihr Gesellschaftsmodell anderen vorschreiben wollen.

In manchen Teilen des Globalen Südens hält man die Belehrungen und Ermahnungen, doch ja die Menschenrechte einzuhalten, für ein Überbleibsel oder eine Neuauflage kolonialen Denkens. Auch im Kolonialismus meinten die Europäer, sie müssten Menschen in Afrika, Südamerika oder Asien ihre Vorstellungen eintrichtern, weil sie in ihren Augen rückständig waren. Lehrmeister brauche man nicht, man werde selbst den richtigen Weg finden, auch ganz ohne Menschenrechte. Laut ist vor allem aber auch die Kritik jener, die sich große Sorgen um das Leben auf der Erde machen. Sie kritisieren, dass bisher immer nur der Mensch im Mittelpunkt stand. Das beginnt schon mit der Schöpfungsgeschichte in der Bibel: Der Mensch wird geschaffen, um sich die Erde untertan zu machen und über alle Tiere und Pflanzen, ja die ganze Natur, zu herrschen. Das gleiche Denken sehen sie auch bei den Menschenrechten: Es geht immer nur um die Menschen, nicht um die anderen Geschöpfe. Sie fordern darum gleiche Rechte auch für Tiere und Pflanzen, für Flüsse und Berge, Seen und Gletscher. In manchen Ländern werden der Natur bereits heute Rechte zuerkannt. In Neuseeland zum Beispiel erhielt der Fluss Whanganui 2017 als erster Fluss weltweit eigene Rechte. Dafür hatten sich besonders die neuseeländischen Ureinwohner, die Maori, eingesetzt. Auch in anderen Ländern sind es gerade indigene Völker, die Rechte für die Natur fordern, weil die Natur ihre Lebensgrundlage ist. Der Weg, sich mit den Menschenrechten für mehr Gerechtigkeit einzusetzen, geht so immer weiter und bleibt voller Überraschungen.

# ANHANG

# ALLGEMEINE ERKLÄRUNG DER MENSCHENRECHTE

der Vereinten Nationen
Resolution 217 A (III) vom 10.12.1948

## PRÄAMBEL

*Da* die Anerkennung der angeborenen Würde und der gleichen und unveräußerlichen Rechte aller Mitglieder der Gemeinschaft der Menschen die Grundlage von Freiheit, Gerechtigkeit und Frieden in der Welt bildet,

*da* die Nichtanerkennung und Verachtung der Menschenrechte zu Akten der Barbarei geführt haben, die das Gewissen der Menschheit mit Empörung erfüllen, und da verkündet worden ist, daß einer Welt, in der die Menschen Rede- und Glaubensfreiheit und Freiheit von Furcht und Not genießen, das höchste Streben des Menschen gilt,

*da* es notwendig ist, die Menschenrechte durch die Herrschaft des Rechtes zu schützen, damit der Mensch nicht gezwungen wird, als letztes Mittel zum Aufstand gegen Tyrannei und Unterdrückung zu greifen,

*da* es notwendig ist, die Entwicklung freundschaftlicher Beziehungen zwischen den Nationen zu fördern,

*da* die Völker der Vereinten Nationen in der Charta ihren Glauben an die grundlegenden Menschenrechte, an die Würde und den Wert der menschlichen Person und an die Gleichberechtigung von Mann und Frau erneut bekräftigt und beschlossen haben, den sozialen Fortschritt und bessere Lebensbedingungen in größerer Freiheit zu fördern,

*da* die Mitgliedstaaten sich verpflichtet haben, in Zusammenarbeit mit den Vereinten Nationen auf die allgemeine Achtung und Einhaltung der Menschenrechte und Grundfreiheiten hinzuwirken, *da* ein gemeinsames Verständnis dieser Rechte und Freiheiten von größter Wichtigkeit für die volle Erfüllung dieser Verpflichtung ist,

*verkündet die Generalversammlung*

diese Allgemeine Erklärung der Menschenrechte als das von allen Völkern und Nationen zu erreichende gemeinsame Ideal, damit jeder einzelne und alle Organe der Gesellschaft sich diese Erklärung stets gegenwärtig halten und sich bemühen, durch Unterricht und Erziehung die Achtung vor diesen Rechten und Freiheiten zu fördern und durch fortschreitende nationale und internationale Maßnahmen ihre allgemeine und tatsächliche Anerkennung und Einhaltung durch die Bevölkerung der Mitgliedstaaten selbst wie auch durch die Bevölkerung der ihrer Hoheitsgewalt unterstehenden Gebiete zu gewährleisten.

## ARTIKEL 1

Alle Menschen sind frei und gleich an Würde und Rechten geboren. Sie sind mit Vernunft und Gewissen begabt und sollen einander im Geist der Brüderlichkeit begegnen.

## ARTIKEL 2

Jeder hat Anspruch auf die in dieser Erklärung verkündeten Rechte und Freiheiten ohne irgendeinen Unterschied, etwa nach Rasse, Hautfarbe, Geschlecht, Sprache, Religion, politischer oder sonstiger Überzeugung, nationaler oder sozialer Herkunft, Vermögen, Geburt oder sonstigem Stand.

Des weiteren darf kein Unterschied gemacht werden auf Grund der politischen, rechtlichen oder internationalen Stellung des Landes oder Gebiets, dem eine Person angehört, gleichgültig ob dieses unabhängig ist, unter Treuhandschaft steht, keine Selbstregierung besitzt oder sonst in seiner Souveränität eingeschränkt ist.

## ARTIKEL 3

Jeder hat das Recht auf Leben, Freiheit und Sicherheit der Person.

## ARTIKEL 4

Niemand darf in Sklaverei oder Leibeigenschaft gehalten werden; Sklaverei und Sklavenhandel sind in allen ihren Formen verboten.

## ARTIKEL 5

Niemand darf der Folter oder grausamer, unmenschlicher oder erniedrigender Behandlung oder Strafe unterworfen werden.

## ARTIKEL 6

Jeder hat das Recht, überall als rechtsfähig anerkannt zu werden.

## ARTIKEL 7

Alle Menschen sind vor dem Gesetz gleich und haben ohne Unterschied Anspruch auf gleichen Schutz durch das Gesetz. Alle haben Anspruch auf gleichen Schutz gegen jede Diskriminierung, die gegen diese Erklärung verstößt, und gegen jede Aufhetzung zu einer derartigen Diskriminierung.

## ARTIKEL 8

Jeder hat Anspruch auf einen wirksamen Rechtsbehelf bei den zuständigen innerstaatlichen Gerichten gegen Handlungen, durch die seine ihm nach der Verfassung oder nach dem Gesetz zustehenden Grundrechte verletzt werden.

## ARTIKEL 9

Niemand darf willkürlich festgenommen, in Haft gehalten oder des Landes verwiesen werden.

## ARTIKEL 10

Jeder hat bei der Feststellung seiner Rechte und Pflichten sowie bei einer gegen ihn erhobenen strafrechtlichen Beschuldigung in voller Gleichheit Anspruch auf ein gerechtes und öffentliches Verfahren vor einem unabhängigen und unparteiischen Gericht.

## ARTIKEL 11

1. Jeder, der wegen einer strafbaren Handlung beschuldigt wird, hat das Recht, als unschuldig zu gelten, solange seine Schuld nicht in einem öffentlichen Verfahren, in dem er alle für seine Verteidigung notwendigen Garantien gehabt hat, gemäß dem Gesetz nachgewiesen ist.

2. Niemand darf wegen einer Handlung oder Unterlassung verurteilt werden, die zur Zeit ihrer Begehung nach innerstaatlichem oder internationalem Recht nicht strafbar war. Ebenso darf keine schwerere Strafe als die zum Zeitpunkt der Begehung der strafbaren Handlung angedrohte Strafe verhängt werden.

## ARTIKEL 12

Niemand darf willkürlichen Eingriffen in sein Privatleben, seine Familie, seine Wohnung und seinen Schriftverkehr oder Beeinträchtigungen seiner Ehre und seines Rufes ausgesetzt werden. Jeder hat Anspruch auf rechtlichen Schutz gegen solche Eingriffe oder Beeinträchtigungen.

## ARTIKEL 13

1. Jeder hat das Recht, sich innerhalb eines Staates frei zu bewegen und seinen Aufenthaltsort frei zu wählen.

2. Jeder hat das Recht, jedes Land, einschließlich seines eigenen, zu verlassen und in sein Land zurückzukehren.

## ARTIKEL 14

1. Jeder hat das Recht, in anderen Ländern vor Verfolgung Asyl zu suchen und zu genießen.

2. Dieses Recht kann nicht in Anspruch genommen werden im Falle einer Strafverfolgung, die tatsächlich auf Grund von Verbrechen nichtpolitischer Art oder auf Grund von Handlungen erfolgt, die gegen die Ziele und Grundsätze der Vereinten Nationen verstoßen.

## ARTIKEL 15

1. Jeder hat das Recht auf eine Staatsangehörigkeit.

2. Niemandem darf seine Staatsangehörigkeit willkürlich entzogen noch das Recht versagt werden, seine Staatsanghörigkeit zu wechseln.

## ARTIKEL 16

1. Heiratsfähige Frauen und Männer haben ohne Beschränkung auf Grund der Rasse, der Staatsangehörigkeit oder der Religion das Recht zu heiraten und eine Familie zu gründen. Sie haben bei der Eheschließung, während der Ehe und bei deren Auflösung gleiche Rechte.

2. Eine Ehe darf nur bei freier und uneingeschränkter Willenseinigung der künftigen Ehegatten geschlossen werden.

3. Die Familie ist die natürliche Grundeinheit der Gesellschaft und hat Anspruch auf Schutz durch Gesellschaft und Staat.

## ARTIKEL 17

1. Jeder hat das Recht, sowohl allein als auch in Gemeinschaft mit anderen Eigentum innezuhaben.

2. Niemand darf willkürlich seines Eigentums beraubt werden.

## ARTIKEL 18

Jeder hat das Recht auf Gedanken-, Gewissens- und Religionsfreiheit; dieses Recht schließt die Freiheit ein, seine Religion oder Überzeugung zu wechseln, sowie die Freiheit, seine Religion oder Weltanschauung allein oder in Gemeinschaft mit anderen, öffentlich oder privat durch Lehre, Ausübung, Gottesdienst und Kulthandlungen zu bekennen.

## ARTIKEL 19

Jeder hat das Recht auf Meinungsfreiheit und freie Meinungsäußerung; dieses Recht schließt die Freiheit ein, Meinungen ungehindert anzuhängen sowie über Medien jeder Art und ohne Rücksicht auf Grenzen Informationen und Gedankengut zu suchen, zu empfangen und zu verbreiten.

## ARTIKEL 20

1. Alle Menschen haben das Recht, sich friedlich zu versammeln und zu Vereinigungen zusammenzuschließen.

2. Niemand darf gezwungen werden, einer Vereinigung anzugehören.

## ARTIKEL 21

1. Jeder hat das Recht, an der Gestaltung der öffentlichen Angelegenheiten seines Landes unmittelbar oder durch frei gewählte Vertreter mitzuwirken.

2. Jeder hat das Recht auf gleichen Zugang zu öffentlichen Ämtern in seinem Lande.

3. Der Wille des Volkes bildet die Grundlage für die Autorität der öffentlichen Gewalt; dieser Wille muß durch regelmäßige, unverfälschte, allgemeine und gleiche Wahlen mit geheimer Stimmabgabe oder in einem gleichwertigen freien Wahlverfahren zum Ausdruck kommen.

## ARTIKEL 22

Jeder hat als Mitglied der Gesellschaft das Recht auf soziale Sicherheit und Anspruch darauf, durch innerstaatliche Maßnahmen und internationale Zusammenarbeit sowie unter Berücksichtigung der Organisation und der Mittel jedes Staates in den Genuß der wirtschaftlichen, sozialen und kulturellen Rechte zu gelangen, die für seine Würde und die freie Entwicklung seiner Persönlichkeit unentbehrlich sind.

## ARTIKEL 23

1. Jeder hat das Recht auf Arbeit, auf freie Berufswahl, auf gerechte und befriedigende Arbeitsbedingungen sowie auf Schutz vor Arbeitslosigkeit.

2. Jeder, ohne Unterschied, hat das Recht auf gleichen Lohn für gleiche Arbeit.

3. Jeder, der arbeitet, hat das Recht auf gerechte und befriedigende Entlohnung, die ihm und seiner Familie eine der menschlichen Würde entsprechende Existenz sichert, gegebenenfalls ergänzt durch andere soziale Schutzmaßnahmen.

4. Jeder hat das Recht, zum Schutz seiner Interessen Gewerkschaften zu bilden und solchen beizutreten.

## ARTIKEL 24

Jeder hat das Recht auf Erholung und Freizeit und insbesondere auf eine vernünftige Begrenzung der Arbeitszeit und regelmäßigen bezahlten Urlaub.

## ARTIKEL 25

1. Jeder hat das Recht auf einen Lebensstandard, der seine und seiner Familie Gesundheit und Wohl gewährleistet, einschließlich Nahrung, Kleidung, Wohnung, ärztliche Versorgung und notwendige soziale Leistungen gewährleistet sowie das Recht auf Sicherheit im Falle von Arbeitslosigkeit, Krankheit, Invalidität oder Verwitwung, im Alter sowie bei anderweitigem Verlust seiner Unterhaltsmittel durch unverschuldete Umstände.

2. Mütter und Kinder haben Anspruch auf besondere Fürsorge und Unterstützung. Alle Kinder, eheliche wie außereheliche, genießen den gleichen sozialen Schutz.

## ARTIKEL 26

1. Jeder hat das Recht auf Bildung. Die Bildung ist unentgeltlich, zum mindesten der Grundschulunterricht und die grundlegende Bildung. Der Grundschulunterricht ist obligatorisch. Fach- und Berufsschulunterricht müssen allgemein verfügbar gemacht werden, und der Hochschulunterricht muß allen gleichermaßen entsprechend ihren Fähigkeiten offenstehen.

2. Die Bildung muß auf die volle Entfaltung der menschlichen Persönlichkeit und auf die Stärkung der Achtung vor den Menschenrechten und Grundfreiheiten gerichtet sein. Sie muß zu Verständnis, Toleranz und Freundschaft zwischen allen Nationen und allen rassischen oder religiösen Gruppen beitragen und der Tätigkeit der Vereinten Nationen für die Wahrung des Friedens förderlich sein.

3. Die Eltern haben ein vorrangiges Recht, die Art der Bildung zu wählen, die ihren Kindern zuteil werden soll.

## ARTIKEL 27

1. Jeder hat das Recht, am kulturellen Leben der Gemeinschaft frei teilzunehmen, sich an den Künsten zu erfreuen und am wissenschaftlichen Fortschritt und dessen Errungenschaften teilzuhaben.

2. Jeder hat das Recht auf Schutz der geistigen und materiellen Interessen, die ihm als Urheber von Werken der Wissenschaft, Literatur oder Kunst erwachsen.

## ARTIKEL 28

Jeder hat Anspruch auf eine soziale und internationale Ordnung, in der die in dieser Erklärung verkündeten Rechte und Freiheiten voll verwirklicht werden können.

## ARTIKEL 29

1. Jeder hat Pflichten gegenüber der Gemeinschaft, in der allein die freie und volle Entfaltung seiner Persönlichkeit möglich ist.

2. Jeder ist bei der Ausübung seiner Rechte und Freiheiten nur den Beschränkungen unterworfen, die das Gesetz ausschließlich zu dem Zweck vorsieht, die Anerkennung und Achtung der Rechte und Freiheiten anderer zu sichern und den gerechten Anforderungen der Moral, der öffentlichen Ordnung und des allgemeinen Wohles in einer demokratischen Gesellschaft zu genügen.

3. Diese Rechte und Freiheiten dürfen in keinem Fall im Widerspruch zu den Zielen und Grundsätzen der Vereinten Nationen ausgeübt werden.

## ARTIKEL 30

Keine Bestimmung dieser Erklärung darf dahin ausgelegt werden, daß sie für einen Staat, eine Gruppe oder eine Person irgendein Recht begründet, eine Tätigkeit auszuüben oder eine Handlung zu begehen, welche die Beseitigung der in dieser Erklärung verkündeten Rechte und Freiheiten zum Ziel hat.

*Die deutsche Übersetzung der «Allgemeinen Erklärung der Menschenrechte» wurde 1948 vom Deutschen Übersetzungsdienst der Vereinten Nationen erstellt. Sie wird hier als historisches Dokument wiedergegeben. Neuere deutsche Fassungen, die sich um mehr sprachliche Geschlechtergerechtigkeit bemühen und den heute zu Recht problematischen Begriff der Rasse vermeiden, entsprechen nicht dem Original.*

# GLOSSAR

**Hannah Arendt** (1906–1975) war eine deutsche Publizistin und Philosophin, die wegen ihrer jüdischen Herkunft aus Deutschland ausgebürgert wurde und in die Vereinigten Staaten von Amerika auswanderte. Ihre bekanntesten Werke sind *Eichmann in Jerusalem. Ein Bericht von der Banalität des Bösen* und *Elemente und Ursprünge totalitärer Herrschaft.*

**Jeremy Bentham** (1748–1832) war ein englischer Jurist, Philosoph und Sozialreformer. Er gilt als Vordenker des modernen Wohlfahrtsstaates und setzte sich für die Abschaffung der Todesstrafe, für das Frauenwahlrecht und die Toleranz jeglicher sexueller Präferenzen ein. Zugleich kritisierte er aber scharf die französische Erklärung der Menschenrechte.

**Thomas Buergenthal** (1934–2023) war eines der wenigen Kinder, die das Konzentrationslager Auschwitz überlebten. Nach dem Krieg wanderte er in die USA aus, studierte Rechtswissenschaft und wurde bekannt als Richter am Interamerikanischen Gerichtshof für Menschenrechte und am Internationalen Gerichtshof.

**Thomas Edison** (1847–1931) war ein amerikanischer Erfinder und Geschäftsmann. Sein Ruhm gründet vor allem auf der Erfindung der Glühbirne.

**Galileo Galilei** (1564–1642) war ein italienischer Universalgelehrter. Mit seinen bahnbrechenden Entdeckungen in den Bereichen Physik, Astrophysik, Mathematik und Astronomie bereitete er die naturwissenschaftliche Forschung der Moderne vor. Er wurde von der katholischen Kirche verurteilt, die befand, seine Thesen seien mit den Lehren der Bibel nicht vereinbar.

**Mahatma Gandhi** (1869–1948) war ein indischer Rechtsanwalt, Denker und Politiker. Er kämpfte erfolgreich für eine friedliche Ablösung Indiens vom britischen Kolonialreich mit Mitteln des gewaltfreien Widerstands, etwa durch Hungerstreik und zivilen Ungehorsam.

**Olympe de Gouges** (1748–1793) war eine französische Frauenrechtlerin und Schriftstellerin. Im Jahr 1791 verfasste sie eine *Erklärung der Rechte der Frau und Bürgerin*, die sie der französischen Erklärung der Menschen- und

Bürgerrechte von 1789 entgegenstellte. Sie wurde zum Tode verurteilt und durch die Guillotine hingerichtet.

Immanuel Kant (1724–1804) war ein deutscher Philosoph der Aufklärung, dessen Werke *Kritik der reinen Vernunft*, *Kritik der praktischen Vernunft* und *Zum ewigen Frieden* die Geschichte der Philosophie und der politischen Ideen nachhaltig beeinflussten und bis heute von großer Bedeutung sind.

Christoph Kolumbus (1451–1506) war ein Seefahrer und Eroberer. Er wollte den westlichen Seeweg nach Indien erkunden, landete im Jahr 1492 jedoch auf den Bahamas-Inseln und gilt als europäischer Entdecker Amerikas.

John Locke (1632–1704) war ein britischer Philosoph und Vordenker der Aufklärung. Einzelne Formulierungen seiner Abhandlung *Two Treatises of Government* wurden wörtlich in die Verfassungen der Vereinigten Staaten von Amerika und Frankreichs übernommen und prägten damit die Verfassungsgeschichte weltweit.

Nelson Mandela (1918–2013) war ein südafrikanischer Politiker und Aktivist. Wegen seines Kampfes gegen die Apartheid wurde er 28 Jahre ins Gefängnis gesperrt. Nach dem Ende der Apartheid wurde er für seine Bemühungen um Frieden und Versöhnung mit dem Friedensnobelpreis geehrt. Von 1994 bis 1999 war er Präsident Südafrikas.

Karl Marx (1818–1883) war ein deutscher Philosoph und Gesellschaftsrevolutionär. Sein *Kommunistisches Manifest* (zusammen mit Friedrich Engels verfasst) sowie sein Hauptwerk *Das Kapital* inspirierten revolutionäre Bewegungen weltweit. Im 20. Jahrhundert beriefen sich kommunistische Staaten wie die Sowjetunion und China auf ihn.

Marie Antoinette von Österreich-Lothringen (1755–1793) war die Frau des französischen Königs Ludwig XVI. und wurde wie er in der Französischen Revolution hingerichtet.

Alexei Nawalny (1976–2024) war ein russischer Jurist und Politiker, der durch scharfe Kritik am russischen Präsidenten Wladimir Putin hervortrat. Er überlebte einen Giftanschlag, kehrte aber nach seiner Genesung in Deutschland nach Russland zurück, wurde dort zu hohen Haftstrafen verurteilt und starb in einem sibirischen Straflager unter ungeklärten Umständen.

**Wladimir Putin** (geboren 1952) ist seit 2000 (mit einer kurzen Unterbrechung von 2008 bis 2012) Präsident Russlands. Er hat das politische System zu einem diktatorischen Regime umgebaut, das spätestens seit dem russischen Angriff auf die Ukraine in scharfem Gegensatz zu Westeuropa und den USA steht.

**Maximilien de Robespierre** (1758–1794) war ein französischer Rechtsanwalt und Revolutionär. Er war mitverantwortlich dafür, dass aus der Französischen Revolution eine Schreckensherrschaft mit zahlreichen Hinrichtungen hervorging. Im Jahr 1794 wurde er selbst durch die Guillotine hingerichtet.

**Eleanor Roosevelt** (1884–1962) war die Ehefrau des amerikanischen Präsidenten Franklin D. Roosevelt. Nach seinem Tod wurde sie vom amerikanischen Präsidenten Harry S. Truman als amerikanische Delegierte in die neu gegründete Menschenrechtskommission berufen. Als Vorsitzende der Kommission war sie maßgeblich an der Ausarbeitung der Allgemeinen Erklärung der Menschenrechte beteiligt.

**Hanns Martin Schleyer** (1915–1977) war in der Zeit des Nationalsozialismus SS-Untersturmführer. Nach dem Krieg wurde er als Manager und Wirtschaftsfunktionär deutscher Arbeitgeberpräsident. Im sogenannten «Deutschen Herbst» wurde er von der Terrorgruppe «Rote Armee Fraktion» entführt und ermordet.

**Sokrates** (469–399 v. Chr.) war ein griechischer Philosoph. Seine Ideen wurden vor allem von seinem Schüler Platon aufgezeichnet und dadurch wegweisend für das europäische Denken. Er wurde wegen seines angeblich verderblichen Einflusses auf die Jugend und wegen Missachtung der Götter zum Tod verurteilt und starb durch den Schierlingsbecher, einen Gifttrunk.

**Josef Stalin** (1878–1953) war ein aus Georgien stammender kommunistischer Revolutionär, der nach dem Tod Lenins die Herrschaft in der Sowjetunion übernahm. Er baute vor dem und im Zweiten Weltkrieg ein diktatorisches System auf, bei dem Millionen Menschen in Straflager verschickt und ermordet wurden.

# VERZEICHNIS DER BEHANDELTEN FÄLLE

*Namen von Personen wurden in den freien Nacherzählungen der Fälle geändert, sofern sie nicht in den im Internet veröffentlichten Urteilen zugänglich sind. EGMR = Europäischer Gerichtshof für Menschenrechte*

## 1. MENSCHENWÜRDE

*Zwergenweitwurf:* Entscheidung des französischen Verfassungsrats vom 27. Oktober 1995, Nr. 136727, veröffentlicht im Recueil Lebon; Feststellungen des Menschenrechtsausschusses nach Artikel 5 Absatz 4 des Fakultativprotokolls zum Internationalen Pakt über bürgerliche und politische Rechte, Mitteilung Nr. 854/1999, vorgelegt von Manuel Wackenheim, 26. Juli 2002 [Archiv], Paragraf 207

*Die Tracht Prügel:* EGMR, Tyrer v. Vereinigtes Königreich, Urteil vom 25. April 1978, Nr. 5856/72; EGMR, Bouyid v. Belgien [Große Kammer], Urteil vom 28. September 2015, Nr. 23380/09

*Ameisen und Küchenschaben:* EGMR, Kalashnikov v. Russland, Urteil vom 15. Juli 2002, Nr. 47095/99

*Joker fürs Leben:* EGMR, H.F. und andere v. Frankreich [Große Kammer], Urteil vom 14. September 2022, Nr. 24384/19 und 44234/20

## 2. RECHT AUF LEBEN

*Feuer vom Himmel:* EGMR, Isayeva, Yusupova und Bazayeva v. Russland, Urteil vom 24. Februar 2005, Nr. 57947/00 u.a.

*Lebend Tote:* EGMR, Lambert und andere v. Frankreich [Große Kammer], Urteil vom 5. Juni 2015, Nr. 46043/14; EGMR, Pretty v. Vereinigtes Königreich, Urteil vom 29. April 2002, Nr. 2346/02

*Auf der Flucht:* EGMR, N.D. und N.T. v. Spanien [Große Kammer], Urteil vom 13. Februar 2020, Nr. 8675/15 und 8697/15

*Der Große und der Kleine:* EGMR, Nawalny und Yashin v. Russland, Urteil vom 4. Dezember 2014, Nr. 76204/11; Nawalny und Ofitserov v. Russland, Urteil vom 23. Februar 2016, Nr. 46632/13 und 28671/14; Nawalny v. Russland, Urteil vom 2. Februar 2017, Nr. 29580/12 u.a.; Nawalny v. Russland, Urteil vom 17. Oktober 2017, Nr. 101/15; Nawalny v. Russland [Große Kammer], Urteil vom 15. November 2018, Nr. 29580/12 u.a.; Nawalny v. Russland (Nr. 2), Urteil vom 9. April 2019, Nr. 43734/14; Nawalny und Gunko v. Russland, Urteil vom 10. November 2020, Nr. 75186/12; Nawalny v. Russland (Nr. 3), Urteil vom 6. Juni 2023, Nr. 36418/20

## 3. RELIGIONSFREIHEIT

*Die verhüllten Frauen:* EGMR, S.A.S. v. Frankreich [Große Kammer], Urteil vom 1. Juli 2014, Nr. 43835/11; Landgericht Berlin, Entscheidung vom 14. September 2022, Aktenzeichen 26 O 80/22

*Wer glaubt an das Spaghettimonster:* Verwaltungsgericht Potsdam, Urteil vom 13. November 2015, Aktenzeichen 8 K 4253/13; Bundesverfassungsgericht, Nichtannahmebeschluss vom 11. Oktober 2018, Aktenzeichen 1 BvR 1984/17

*Die heiligen Bücher:* Resolution des Menschenrechtsrats vom 12. Juli 2023 Nr. 53/1 zur «Bekämpfung von religiösem Hass, der zu Diskriminierung, Feindseligkeit oder Gewalt aufruft»

## 4. MEINUNGSFREIHEIT

*Rühreier auf dem Kriegerdenkmal:* EGMR, Sinkova v. Ukraine, Urteil vom 27. Februar 2018, Nr. 39496/11

*Die wilden Sängerinnen:* EGMR, Marija Aljochina und andere v. Russland, Urteil vom 17. Juli 2018, Nr. 38004/12

*Recht auf Wahrheit:* EGMR, Janowiec und andere v. Russland [Große Kammer], Urteil vom 21. Oktober 2013, Nr. 55508/07 und 29520/09

*Der gute Verrat:* EGMR, Heinisch v. Deutschland, Urteil vom 21. Juli 2011, Nr. 28274/08

## 5. VERBOT DER DISKRIMINIERUNG

*Die Dunklen und die Hellen:* EGMR, Basu v. Deutschland, Urteil vom 18. Oktober 2022, Nr. 215/19

*Die allzu schnelle Läuferin:* EGMR, Semenya v. Schweiz, Urteil vom 11. Juli 2023, Nr. 10934/21, noch nicht rechtskräftig

## 6. SCHUTZ VON FAMILIE UND PRIVATLEBEN

*Das falsche Kind:* EGMR, Paradiso und Campanelli v. Italien [Große Kammer], Urteil vom 24. Januar 2017, Nr. 25358/12

*Fantasie und Wirklichkeit:* EGMR, B.B. und F.B. v. Deutschland, Urteil vom 14. März 2013, Nr. 18734/09 und 9424/11

*Sorgen einer Prinzessin:* EGMR, von Hannover v. Deutschland, Urteil vom 24. Juni 2004, Nr. 59320/00; von Hannover v. Deutschland (Nr. 2) [Große Kammer], Urteil vom 7. Februar 2012, Nr. 40660/08 und 60641/08; von Hannover v. Deutschland (Nr. 3), Urteil vom 19. September 2013, Nr. 8772/10

## 7. RECHT AUF BILDUNG

*Der Satz des Thales:* Bundesverfassungsgericht, Beschluss des Ersten Senats vom 19. November 2021, Aktenzeichen 1 BvR 971/21

*Ein Satz über die Liebe:* EGMR, Handyside v. Vereinigtes Königreich, Urteil vom 7. Dezember 1976, Nr. 5493/72; EGMR, Macatė v. Litauen [Große Kammer], Urteil vom 23. Januar 2023, Nr. 61435/19

## 8. SCHUTZ DER UMWELT

*Gestank und Lärm:* EGMR, López Ostra v. Spanien, Urteil vom 9. Dezember 1994, Nr. 16798/90; EGMR, Hatton und andere v. Vereinigtes Königreich [Große Kammer], Urteil vom 8. Juli 2003, Nr. 36022/97

*Das schlechte Wetter und die höhere Gewalt:* EGMR, Duarte Agostinho und andere v. Portugal und 32 andere [Große Kammer], Entscheidung vom 9. April 2024, Nr. 39371/20; EGMR, Verein KlimaSeniorinnen Schweiz und andere v. Schweiz [Große Kammer], Urteil vom 9. April 2024, Nr. 53600/20

## 9. PHILOSOPHIE DER MENSCHENRECHTE

*Die eigenen Rechte und die der anderen:* EGMR, Gough v. Vereinigtes Königreich, Urteil vom 28. Oktober 2014, Nr. 49327/11

*Gerechtigkeit für Terroristen:* EGMR, Ibrahim und andere v. Vereinigtes Königreich [Große Kammer], Urteil vom 13. September 2016, Nr. 50541/08 u. a.; EGMR, Fjotolf Hansen v. Norwegen, Entscheidung vom 29. Mai 2018, Nr. 48852/17; EGMR, Alboreo v. Frankreich, Urteil vom 20. Oktober 2011, Nr. 51019/08

## 10. GESCHICHTE DER MENSCHENRECHTE

*Mit dem Pinsel der Jahrhunderte:* Bundesverfassungsgericht, Urteil des Ersten Senats vom 16. Oktober 1977, Aktenzeichen 1 BvQ 5/77

© Pascal Bünning

**Angelika Nußberger** ist Professorin für Verfassungsrecht, Völkerrecht und Rechtsvergleichung an der Universität zu Köln. Sie war Richterin (2011–2019) und Vizepräsidentin (2017–2019) am Europäischen Gerichtshof für Menschenrechte. Bei C.H.Beck erschien von ihr zuletzt «Die Menschenrechte» (C.H.Beck Wissen 2021).

**Rotraut Susanne Berner,** Illustratorin, Buchgestalterin und Autorin, wurde mit ihren Kinderbüchern weltbekannt und vielfach ausgezeichnet, u. a. mit dem Hans Christian Andersen Preis (2016) und dem Deutschen Jugendliteraturpreis für ihr Gesamtwerk (2006). Bei C.H.Beck erschien zuletzt der von ihr illustrierte Band «Märchenglück» (Text: Barbara Senckel, 2023).

© Manu Theobald